Chiffonnière
avec les chiffonniers

Sœur Emmanuelle

Chiffonnière avec les chiffonniers

(37e mille)

A pleine vie

LES ÉDITIONS OUVRIÈRES
12, avenue Sœur-Rosalie
75621 PARIX CEDEX 13

DANS LA MÊME COLLECTION

L'Ânesse de Balaam (Joseph Bouchaud et Frédy Kunz).
Les Cabanes du Bon Dieu (Gilbert Le Mouël). 3e édition revue et modifiée.
La Côte d'Adam. 3e édition revue et augmentée (Gilbert Le Mouël).
Chiffonnière avec les chiffonniers (Sœur Emmanuelle). Édition revue et augmentée.
Les Chemins du temps (Magda Hollander Lafon).
Compagnons d'imprudence (Joseph Bouchaud).
Vers la vraie vie (Gilbert Desnoyers).
Sophie ma fille ou le combat pour la vie d'une enfant handicapée (Chantal Jolly).
Dieu m'aime comme ça (Louis Lochet).
Désirer le désir (Marie-Abdon Santaner).
Aveugle je veux voir ! (Pierre Le Clerc).
Si l'oiseau reprenait son vol (Anne Déas).
L'Évangile de la « Fosse à cochons » (Joseph Bouchaud).
Soleil de justice, passions en Amérique latine (Arlette Welty-Domont, Alain Dutertre).
Benjamin, la nuit du matin (A.G.A. Cantenot).
Au Chili, l'espoir quand même (J. Lancelot).
La Sève de la vie (Hubert Dupin).
Génération sans frontières (M.E.J.).

Imprimé en France Printed in France
ISBN 2-7082-1860-3

1
j'ai vécu

Vingt ans, l'âge des rêves et de la vie qui commence. Je suis sur le navire qui me ramène d'Angleterre où je suis partie : « *To speak english.* »

Au milieu des visites à la Tour de Londres et au British Museum, des promenades sur la Tamise et des cours d'anglais, j'ai glissé trois jours de silence devant Dieu ; ça y est, c'est décidé, je me donne au Christ et à mes frères, et en avant pour les trois vœux : pauvreté, chasteté, obéissance ! Brr... tu vas te lier, ma fille... mais mon cœur sera libre pour aimer ; la nuit, dans mes rêves, j'entends des mal-aimés qui m'appellent, des pauvres, des orphelins, des lépreux

On est en septembre, la Manche fait grise mine, elle lance avec rage ses eaux sur le pont. Accoudée sur le bastingage, je fume une cigarette, histoire de goûter ma liberté. Un jeune blond vient près de moi et engage la conversation : « Vous fumez, mademoiselle ? — Comme vous voyez, monsieur. » C'était rare à l'époque et plutôt « mauvais genre ». Mais, comme ma mère me le défendait, j'y prenais un plaisir extrême. « Où vous rendez-vous comme ça, mademoiselle ? — Au couvent, monsieur. — Avec ces yeux-là, mademoiselle ? — Je ne les laisserai pas à la porte, monsieur ? — Vous n'aimez pas l'aventure ? — C'est pourquoi j'entre au couvent, monsieur, c'est un genre d'aventure. — Moi, je pars pour Berlin, mademoiselle. — Tant mieux pour vous, monsieur. — Vous ne voulez pas venir avec moi ? — Vous voulez aussi entrer au couvent, monsieur ? — Heu... non, pas précisément. — Alors, c'est dommage, on n'aura plus l'occasion de se revoir. » Je lance un peu de fumée vers le ciel gris... Comment me débarrasser de ce gêneur ? Une inspiration :

« Soyez gentil, monsieur, cherchez-moi mes bagages. Je ne sais pas où le porteur les a déposés. » Il revient, triomphant, avec mes valises. On s'est quittés bons amis et chacun s'est embarqué pour... son aventure.

Quarante-cinq ans passés depuis, quarante-cinq ans de mer veilleuses aventures. Oui, merveilleuses. La femme, je crois ne peut s'épanouir et être heureuse que dans l'amour. De mission en mission, de France en Turquie, de Tunisie en Égypte, de Rome à Genève et Bruxelles, le Seigneur a placé sur ma route des enfants et des hommes à aimer. Il a rempli mon cœur de milliers d'amis, j'ai partagé leurs joies et leurs souffrances, leurs déceptions et leurs amours. Je me suis réfugiée, pour écrire dans le calme ces lignes, au bord de la mer d'Alexandrie, qui vit Alexandre et Pompée. César et Antoine et leur ensorceleuse Cléopâtre. Ma vie me paraît avoir été plus frémissante que la leur. Dans leur tonneau des Danaïdes ils ont engouffré des empires qui se sont effondrés sous leurs pas.

Mais, avoir lancé dans la vie des enfants, avoir déchargé de leur poids des cœurs las, avoir aidé des mains qui allaient disparaître dans l'abîme, c'est tellement bondissant de joie de vivre que, tenez ! je le dis tel que je le pense : même si sur ma tombe ne croissent que des pissenlits et que mon âme s'anéantit avec celle de mon chat, eh bien ! oui, ça valait le coup de laisser mon bel Allemand et... quelques autres. Ah ! que c'est beau de vivre... Tiens ! une idée, je vais faire inscrire en lettres d'or sur ma tombe : « Elle a vécu. »

(Attention, je n'ai pas une âme de chat, je crois dur comme fer à la résurrection des morts et à la vie éternelle. Amen.)

Fauzeya, ma sœur

C'est à toi que je dédie ces notes, car tu représentes pour moi l'Évangile en actes ; oh ! tu n'es pas théologienne, Fauzeya, tu ne sais ni lire ni écrire, et tu ne dis pas des paroles sublimes. Mais comme nous vivons ensemble dans notre bidonville je te connais bien. Tu ne possèdes qu'un lit bancal, une caisse mal fermée avec quelques habits, trois ou quatre plats. Tu as à t'occuper d'un mari qui te bat lorsqu'il est en crise, de quatre enfants vêtus de hardes (tu en as perdu quatre autres) et d'une cinquantaine de cochons qui ne t'appartiennent pas ; tu nourris ces bêtes des restes des poubelles des beaux appartements du Caire. Tu passes et repasses de ton misérable taudis, infesté de rats, à la cour des cochons où tes pieds nus s'enfoncent dans les immondices. Je vois tes mains racler le sol avec un bout de bois, amonceler ces ordures dans un vieux couffin que tu déposes sur ta tête pour le vider dans la ruelle devant ta porte. Puis tu fais crisser la vieille pompe pour rafraîchir ton visage trempé de sueur et laver tes mains et tes pieds sales.

Comment m'évangélises-tu, Fauzeya ? Par ta sérénité transparente, le sourire de tes yeux, la joie qui émane de ton être. On écrit de belles choses sur la théologie de la libération. Toi, tu la vis : tu es libérée. Tu représentes pour moi un mystère : car, enfant, tu n'as pas connu cette existence dure et misérable, tu vivais au bord du canal de Suez, à Ismaïlia, où rien ne te manquait. Ton but maintenant ? Sauver tes enfants, les envoyer à l'école, leur préparer un lendemain meilleur. Toi, peu importe, tu tiens le coup. Quel est ton secret, Fauzeya ? Quelle est la source vivante de ta sérénité, du calme de tes mains dépossédées, de la souplesse de ton corps las ? Un soir, j'ai prêté l'oreille à ton murmure que je percevais à travers la planche qui nous sépare ; ta voix me parvenait à intervalles comme un refrain de mélopée grave, répondant à celle de ton mari. Et soudain j'ai compris : tu répétais l'Évangile qu'il lisait à la lueur de la petite lampe à pétrole. Je suis venue près de toi : tu étais assise sur la terre humide, allaitant Maryam, ta petite dernière, tes lèvres faisaient résonner lentement les paroles du Christ, ton visage sous la flamme de la lampe resplendissait. Devant toi, Guirguis, ton aîné, écrivait son devoir. La paix t'habitait, ton logis était « devenu pour toi lumineux » : Dieu était avec toi, un jour tes enfants seraient sauvés

Des lépreux aux chiffonniers

C'était en 1971. Je voulais réaliser le rêve de mes vingt ans : consacrer mes dernières années au service des lépreux. J'arrive chez des amis au Caire pour me renseigner. Oui, on peut me conduire en auto à la léproserie qui se trouve à une certaine distance de la ville. Nous roulons à travers une palmeraie qui paraît ne pas finir. Stop : un agent de police nous arrête. « Zone militarisée, votre permis ? » En avant pour le poste de police. « Où allez-vous ? — A la léproserie. » L'homme me regarde, soupçonneux. « Vos papiers. » Je n'ai pas sur moi mon passeport. Il se méfie de plus en plus. Heureusement qu'une charmante dame m'accompagne qui se révèle avoir des dons d'avocat. Elle fait tant et si bien qu'on me laisse partir, mais un agent veillera sur moi jusqu'au retour.

Il fallait m'adresser, paraît-il, au ministre de la Santé. Je lui envoie une belle requête. Munie de papiers en règle, cette fois, j'arrive sans encombre : un aimable docteur me fait visiter les chambres d'une propreté méticuleuse où les lépreuses logent deux à deux. Leur joie touche au délire : une amie est venue vers elles. Mais le médecin m'explique que le permis de résidence sera difficile à obtenir pour une étrangère, dans une zone militarisée. Cela doit se traiter directement avec le ministre de la Santé, qui devra en référer au ministre des Affaires étrangères, qui aura sans doute à en conférer avec le ministre de la Guerre... Que de ministres ! Il me conseille de m'adresser à la nonciature.

Je m'y rends et suis reçue d'abord par un jeune secrétaire, le Père B., qui s'intéresse immédiatement au projet. Le nonce arrive à son tour : « Je veux bien essayer d'intervenir, ma sœur, mais nous sommes en pleine guerre, il y a peu de chances de réussir. Pourquoi ne pas vous intéresser plutôt aux chiffonniers du Caire qui vivent dans de misérables bidonvilles ? »

Après réflexion, je décide de ne pas troubler avec ma petite personne trois ministres sans doute fort occupés. Aventurons-nous plutôt du côté chiffonniers.

Au cœur des taudis

Allez donc aux environs de Paris ou de Londres, de New York ou de Rio de Janeiro, et vous trouverez l'image de mon bidonville du Caire : murs en vieux bidons troués, sans fenêtre, sol en terre humide, toit en palmes desséchées : pas une feuille, pas une fleur, pas un oiseau, poids de sombre tristesse où un peuple de 3 000 âmes vit et meurt.

Comment sont-ils tombés, ces misérables en haillons sales, au dernier échelon de la société ? La plupart sont venus de la Haute-Égypte où le maigre héritage d'un lopin de terre ne leur suffisait plus. Analphabètes, sans qualification de travail, parfois même sans papiers, ils ont échoué dans ce bidonville. De quoi vivent-ils ? Du ramassage des poubelles des maisons (le balayage des rues est assuré par la municipalité). Ils partent dès l'aube pour arriver au Caire assez tôt pour traverser les ponts, remplir leur voiturette et repasser avant le trafic de midi. Pour éviter le vol de leur misérable haridelle, un enfant est assis au milieu des ordures tandis que le père gravit les escaliers ou vice versa !

Spectacle quotidien : un âne étriqué tirant une charrette branlante s'arrête devant votre bel appartement, madame. Un pauvre hère en galabeya souillée (robe d'homme) sonne à votre porte. Est-ce un regard d'amitié... ou de mépris qui est lancé à mon ami chiffonnier en lui tendant votre poubelle ? Il la vide dans son couffin et part frapper en face.

Au retour, c'est le tri : votre assiette cassée d'un côté, le journal d'hier de l'autre, tout sera revendu pour quelques sous, le reste des aubergines jeté par votre cuisinière, madame, sera livré aux cochons. Et nos enfants ? Ils n'iront pas comme les vôtres, un ballon ou une poupée à la main, jouer à Mary Land, mais ils se roulent et se battent sur les restes de vos ordures.

Quel souvenir quc celui de ma première visite auprès de ces pauvres chiffonniers. « *Ezzey ek ?* » Comment ça va ? On me tend des mains crasseuses. Nous nous avançons au milieu des ruelles jonchées de pelures d'oranges (les cochons n'en veulent pas). Ici ou là une bête crevée : âne, cochon, chien ou rat. Et, au milieu de toutes ces immondices, des enfants, corps bronzés et têtes crépues. Ça fait mal. Un petit ramasse une tomate aux trois quarts pourrie : « Non, non, ne la mange pas ! » Sa mère rit : « Oh ! il est habitué. » Elle serre dans ses bras un bébé couvert de mouches.

Comme un tourbillon dans la mer, toute cette misère

m'aspire. On ne peut laisser dans cet abandon des petits d'hommes. J'arrive chez Labib « Je cherche un gîte. — Regarde si ça te plaît. » Il m'ouvre une cabane à chèvres. « On les mettra avec les cochons. — Parfait », juste la place pour un lit, un prie-Dieu, une table, rien ne manque. Le brave Labib montre une autre porte. « Si tu veux, je te vide aussi ça. » J'entre : des roues cassées, des vieux morceaux de bois gisent dans une sorte de boyau assez long. « Ça nous fera la classe. » C'est décidé, j'embarque.

Une vieille carriole tirée par un âne : je trône dedans au milieu de vieux bancs et de pupitres, un lit, une table.

Nous partons. Des gosses nous suivent en claquant des mains et scandant : « *El aroussa, el aroussa* », la mariée. Les gens rient de bon cœur.

Ici, quand on se met en ménage, on emporte ses affaires au milieu des chants.

A soixante-deux ans, me voilà en équipée matrimoniale. Pour moi, le Christ est présent dans ce bidonville. « *Ubi tu Caïus, ego Caïa* » : où tu seras Caïus, je serai Caïa », disait la jeune épouse romaine. Tiens, j'aurais dû me mettre en blanc et inviter à mes noces mon bel Allemand et les joyeux lurons de ma jeunesse !

Vivre avec...

Me voilà comme une jeune mariée : une chaumière et un cœur, cela me faisait rêver dans ma jeunesse.

Ramassons nos enfants. Je fais du porte à porte. Un petit Guirguis (Georges) me sourit. « Tu viens jouer le matin ? » Sa sœur, Maryam, est plus grande, « et toi, tu veux apprendre à lire et à coudre l'après-midi ? ».

Souvent on m'offre un verre de thé. Je m'installe par terre et on cause. Peuple simple, le cœur sur la main. De bons amis m'avaient prévenue : « Personne ne s'est encore risqué chez ces gens-là : voleurs et tueurs. — Bah ! on verra bien. Vous verserez une larme sur ma tombe. » Je crois que je vais échapper au martyre. Dommage ! Vierge et martyre, ça me faisait aussi rêver dans ma jeunesse.

Un petit bonhomme, l'œil vif, me suit : « *Esmak* — Hé ! ton nom ? — Mohamed. — Bravo, Mohamed, veux-tu venir toi aussi jouer avec moi ? » Sa mère me regarde, étonnée : « *Ehna muslimin* (nous sommes musulmans). — Eh bien ! ne sommes-nous pas tous enfants du même Dieu ? — Oh ! oui. — *Rabbèna ouached :* Dieu est un ! ».

Les noms s'allongent sur mon carnet. Comment entasser tout ce monde dans le boyau ? Mais irrégularité totale : jamais je ne les ai tous le même jour. « Mahmoud, tu n'es pas venu hier ? — Je suis parti avec papa ramasser les poubelles. — Et toi, Nonna ? — Maman a eu besoin de moi pour tirer la voiture. »

Daoud, six ans, préfère se battre au milieu des poubelles. Il m'arrive le front ouvert. Je le soigne. « Qu'est-ce que tu as encore fait ? » Il est brûlant de colère. « C'est Douda. Mais je lui casserai la figure. — C'est joli, ça, de casser la figure de ton copain ! » J'ai attendu la figure cassée... elle n'est pas venue.

Ce qui me fait le plus frémir, ce sont les pieds ouverts par des verres cassés : ils me les mettent sous le nez, noirs de crasse. « Va d'abord te laver à la pompe. Je ne vois même pas la plaie. » Les pieds me reviennent : une large échancrure au milieu. « Tu risques le tétanos. Va immédiatement te faire faire la piqûre. Tout de suite, aujourd'hui, pas demain ! »

Bientôt je suis devenue l'un des leurs. Je sais que les hommes sont prompts à tirer le couteau. Mais maintenant, si quelqu'un faisait mine de me toucher, j'en aurais des couteaux pour me défendre !

Un solide jésuite

D'ici peu je serai installée seule du lundi au samedi au milieu du bidonville. Je me sens particulièrement démunie d'expérience : il me faudrait m'appuyer sur quelqu'un de solide, un prêtre capable de me conseiller. Voyons, ça ne manque pas dans le pays : dominicains, franciscains, jésuites... allons-y pour les jésuites, je connais le supérieur. Je pense à Pascal en attendant « un bon Père » au parloir.

Me voilà exposant mon affaire. Le recteur me dit gentiment : « Vous avez l'embarras du choix », et me fait défiler une longue suite de noms : « Père X. ? Non, vraiment, trop intellectuel pour moi... je ne suis plus professeur de lettres, mais chiffonnière : j'ai changé de métier. Père Y. ? Très bien, mais trop jeune, Père Z. ? Il vient d'arriver, il ne connaît pas encore le pays. En tout cas, ce qu'il me faut surtout, c'est un père solide qui ne partira pas l'an prochain pour épouser sa secrétaire ! » Le supérieur interroge : « Vous en connaissez beaucoup ? — Non, mais c'est parfois arrivé. — Oui, remarque-t-il simplement, mais il faut en chercher les causes. Actuellement nous éprouvons longtemps les jeunes, il s'agit qu'ils connaissent de charmantes personnes, ajoute-t-il en riant, pour s'éprouver eux-mêmes avec lucidité. Et le Père M. ? — Connais pas ; il est solide ? — Oui, c'est un homme qui sait ce qu'il veut et où il va. Vous allez le voir vous-même. »

Me voilà maintenant devant quelqu'un qui paraît effectivement bien bâti ! On cause et on se comprend vite. Il est chargé de l'animation sociale du collège et je le vois immédiatement accroché par cette histoire de chiffonniers. On se donne rendez-vous pour aller les visiter. Devant ces taudis en vieux bidons et ces ordures amoncelées, son visage devient grave : « J'amènerai ici nos élèves, ils ont besoin de connaître autre chose que les beaux quartiers du Caire. »

C'est dit et c'est fait. Je vois arriver le Père avec une bande de garçons d'abord assez hésitants ; mais voilà leur professeur assis familièrement par terre et causant avec les gens ; la glace est rompue, on bavarde, on rit comme avec de bons amis ; on décide de se revoir et même, le croira qui veut, les garçons décident un jour de faire un camp par ici durant les premiers jours de vacances. On en profitera pour initier nos chiffonniers au sport qui passionne toute la jeunesse : le football.

Les vacances et donc le camp sont là. Je vais voir si l'on ne manque de rien. Le Père, assis sur le sol, tourne avec application, dans une imposante marmite, des macaronis aux tomates. « Me voilà marmiton, ma Sœur, il n'y a pas de sot métier. Allez, les gars, vous partez avec la Sœur ? Ils ont décidé le matin de s'occuper des petits et l'après-midi de faire du football avec les grands, moi je suis responsable des estomacs. »

Dans un champ non encore labouré, c'est l'enchantement : le matin, de petits bonshommes jouent par équipes, l'après-midi c'est l'initiation au football. On terminera le camp par une fête du soir.

Je n'ose inviter personne parmi les gens dits de la « bonne » société, car c'est une première expérience : aucune discipline n'a jamais régné ici et je m'attends à un beau désordre au milieu de la nuit. Stupéfaction, chiffonniers et jeunes des jésuites ont tout magnifiquement organisé ensemble. Des lampes tempête sont accrochées aux palmiers. Des piquets avec des cordes tracent la place où chacun doit s'asseoir par terre : hommes par ici, garçons par là. Pas une femme, excepté moi, bien entendu. Nous ne sommes pas encore arrivés à ce stade d'évolution. Patience, ça sera pour plus tard. Deux jeunes, munis de bâton, surveillent les gosses et le brandissent quand ils bougent ; cette méthode frappante produit un effet direct : ils sont d'une sagesse exemplaire.

Chants, sketches, bons mots se succèdent au milieu des éclats de rire qui fusent de partout. Nous restons là, tous fondus dans la même joie, côte à côte et cœur à cœur, enfants de la poubelle ou des quartiers chics, sous le grand ciel du Bon Dieu.

Après cet événement mémorable dans les annales des chiffonniers, le Père M. décide avec ses élèves et leurs nouveaux amis de louer un terrain pour le football : il procure durant des mois la détente des jarrets et la joie des cœurs. Chaque fois que je passe de ce côté, je les vois sautant, courant, bondissant dans un bonheur sans fin.

Un beau jour, malheureusement, le propriétaire le reprendra, mais ceci sera le sujet d'une autre histoire. En attendant, je me dis : « Vrai, s'appuyer sur les jésuites, c'est solide ! »

Notre Sœur

Il y a quelques mois que je partage la vie des chiffonniers. On me demande : « Dites-nous ma Sœur, quels sont les fruits que vous récoltez ? Avez-vous pu transformer quelque chose ? » Soyons sincère : « Non, je n'arrive à peu près à rien.

— Ça ne vous décourage pas ? — Parfois, oui, mais finalement, non. » On me regarde, étonné…

J'essaye de me comprendre moi-même. « Voyez-vous, je suis là pour partager et pour aimer ; j'ai un modèle : le Christ. Qu'a-t-il fait d'autre de son vivant ?

— Et ils vous montrent de la reconnaissance ?

— Oui, mais ça n'a pas d'importance. (Je ris) Et puis, vous voyez, on ne m'a pas encore tuée ! »

En y réfléchissant ensuite, je me suis dit que ça doit être là le fond du problème : les hommes ont besoin, avant tout, d'être aimés ; être aimé comme on est, beau ou laid, riche ou pauvre, bon ou mauvais, honnête homme ou bandit : les aimer, je peux le faire, et, au fond, c'est ce qu'ils attendent de moi. J'en ai eu, peu après, la preuve.

Chenouda a dix-huit ans ; à l'aube, il s'en va, charrette branlante, âne soumis, ramasser les poubelles. Ce jour-là, le corps droit, la démarche ferme, il avance dans le jardin d'un couvent où il se rend chaque matin. Une religieuse qui le voit passer quotidiennement l'observe : « Chenouda, bonjour. Comment vas-tu ? Quel plaisir de te voir aujourd'hui, l'air content, la tenue d'un homme. Tu n'arrives pas comme d'habitude, tête baissée et l'air honteux. Bravo ! » Et Chenouda de répondre : « Ah ! tu sais c'est que quelque chose a changé chez nous. » Il ajoute, le visage transformé : « Nous aussi nous avons notre Sœur à nous. Oui, elle est avec nous, c'est notre Sœur. » Sa voix appuie sur les deux derniers mots et il repart en sifflant.

Quand ce simple fait m'a été rapporté, ça vous paraîtra bête, mais les larmes me sont montées aux yeux. Non, je ne perds pas mon temps si maintenant les gars sifflent, la tête haute.

Aleph, bé, thé, sé

Ma désolation : qui sait lire et écrire parmi mes 3 000 amis chiffonniers ? Presque personne. Ils échappent à tous les efforts tentés par le gouvernement : cours gratuits, diplômes, récompenses…

Pendant que je lutte avec les parents pour faire inscrire les six ans à l'école la plus proche, j'interpelle les hommes à travers les ruelles : « *Ya Môrisse !* — *Aywa ?* — Tu ne veux pas apprendre à lire ? — A quoi ça sert ? — On devient un homme. » Il rit. J'insiste : « Un homme fier. » Il devient un peu songeur. « Tu commences des cours ? — Oui, le soir avec Ostaz Ali. Tu viens ? — Je vais voir. »

Finalement, j'ai inscrit quarante hommes, trente ont commencé, dix ont continué. Vous allez me lancer : « Ce sont des paresseux. » Attention, qu'on n'attaque pas mes amis, je ne tire pas le couteau, mais je sais les défendre. Dites-moi, mon cher, à quelle heure vous levez-vous le matin ? Ici, j'entends rouler des voitures dès 4 heures. Combien d'heures roulez-vous au soleil ? Entendons-nous, pas le soleil anémique de France ou de Navarre, mais notre soleil à nous, Africains, le vrai : ça vous tue un homme, surtout les Européens qui l'affrontent en champions téméraires, il vous les assomme parfois en une heure.

Alors le soir, vous comprenez, nos braves chiffonniers qui essayent péniblement d'aligner des *Aleph, bé, thé, sé*, eh bien ! ce sont des surhommes, des *supermen* pour parler le français moderne, car ils ont roulé au soleil jusqu'à 3 ou 4 heures de l'après-midi. Et les autres, qui ne sont pas des héros (le serais-je à leur place... et vous ?) eh bien ! ils préfèrent aller au café du coin... ce qu'ils y font, c'est une autre histoire, une histoire malheureuse.

Aussi quand je les vois, assis sur les vieux bancs, bâiller en s'appliquant sur leurs lettres, je les regarde avec amour et admiration comme la mère qui voit son fils écrire sa thèse de doctorat. De temps en temps, l'un ou l'autre soupire et lève la tête, nos yeux se rencontrent. Il sourit et recommence à écrire : *Aleph, bé, thé, sé...*

How are you ?

Les dix qui suivent le soir le cours d'alphabétisation m'ont un jour demandé : « Apprends-nous aussi l'anglais. — D'accord, quand vous saurez d'abord bien lire et écrire en arabe. » Ils insistent. « Non, donne-nous au moins une demi-heure après la leçon d'arabe. »

Je trouve un livret avec la traduction et la prononciation en arabe. Et nous commençons. C'est plutôt ardu, mais la bonne volonté y est : *one, to, three, four, five, six*, nous répétons avec obstination et ça finit par entrer. Il s'agit maintenant de dire quelques phrases. « *How are you ? — Very well, thank you.* » Les voilà ravis.

Lorsque je rencontre l'un ou l'autre à travers les ruelles, il s'élance vers moi et me tend la main en criant : « *How are you ?* » Les braves chiffonniers regardent avec admiration leur copain : « *Byetkallem ingilizi* » (il parle anglais) ! Notre homme sourit de toutes ses dents : il sait une langue étrangère !

Le bonheur est grand quand, par hasard, je rencontre leur petite voiture dans une des rues du Caire. Ils me crient un joyeux bonjour tandis que je leur fais un signe d'amitié. Parfois même, stop ! ils arrêtent l'âne pour descendre me serrer la main. Ils jettent alors un regard de fierté à droite et à gauche : non, tout le monde ne les méprise pas.

Comme il suffit de peu de chose pour aider un homme à retrouver sa dignité : un serrement de main, trois mots d'anglais : *How are you ?* et voilà la réponse si banale : « *Very well, thank you* », qui se concrétise et devient réelle : l'homme soudain s'est senti « très bien... merci ! ».

Construire ? pas de problème

Le local où nous nous entassons devient vraiment irrespirable, il faut agrandir : problème épineux, car les cochons ont besoin, eux aussi, d'espace vital.

Après de longs palabres et la vaine recherche d'un autre endroit, on me conseille : « Élargis-toi du côté de la ruelle. » Bien, mais avec le tas d'ordures qui s'élève au milieu, par où passera la petite voiture ? On calcule avec soin : ça peut aller. Les voisins, conciliants, se montrent d'accord. Il ne nous reste plus qu'à commencer la maison. Ça n'est pas difficile. En effet, chez nous, les problèmes de matériaux sont simplifiés : on fait un trou, on y jette de l'eau, on y mélange de la paille et vlan ! on monte son mur avec ses dix doigts. Pourquoi alors ces vieux bidons partout ? C'est que nos chiffonniers sont des gens avisés qui veulent pouvoir transporter leur maison sur leur âne : un beau jour, les paysans des alentours, mécontents de cet élevage de cochons, arriveront, qui sait, à les faire partir un peu plus loin... (manger de la viande de porc est défendu par la loi coranique). Alors, ouste on enlève les clous, on récupère ses murs, et on repart avec, comme on était venu. C'est ce qu'on appelle en Europe du préfabriqué. Eux, ils ont inventé cela depuis longtemps.

Quant au toit, ce n'est pas compliqué non plus : des tiges de roseaux recouvertes de vieilles palmes font l'affaire. Mais quand l'hiver viendra ? Oh ! c'est bien simple, on tendra pardessus une sorte de toile cirée retenue par des pierres. Où estu, Jean-Jacques ? Tu dirais, toi aussi, que c'est la civilisation qui crée les problèmes.

Le menuisier n'est pas encore passé, mais on peut déjà installer les bancs et commencer à travailler. Tout à coup, un bruit épouvantable : la maison tremble tout entière et menace de s'écrouler. Mes petites, épouvantées, se mettent à hurler en courant vers l'ouverture sans porte. Je sors derrière elles. Un camion est là, il vient de temps à autre ramasser les ordures pour les porter aux paysans comme fumier. Il a heurté le mur ; s'il avait passé plus fort, nous étions sous les décombres, entendons-nous, sous les roseaux et les palmes ; avantage de plus : quand ça s'écroule, on n'est pas tué.

Je suis malgré tout quelque peu soucieuse, la prochaine fois nous n'aurons plus qu'à nous asseoir, en nous lamentant, sur des pans de mur et des roseaux secs. Mais le père de Labib fait apporter une énorme pierre et la dresse tranquillement au pied du mur. Si le camion la heurte, il s'en apercevra et y veillera une autre fois. Décidément, ici, tout est simple !

Allah mahabba

Il ne manque plus à notre nouveau palais que porte et fenêtres. Le menuisier arrive et on se met d'accord. On badigeonne les murs en rose clair, ça devient presque élégant. Des ficelles sont tendues contre les murs avec des épingles à linge. Pour quoi faire? Mais pour y mettre les chefs-d'œuvre de nos enfants : on dessine, on peint, on fait du piquage et on s'en va tout fier suspendre soi-même son chef-d'œuvre. Quant aux ânes et cochons modelés avec l'argile, ils se prélassent d'un air bonhomme sur une planche au pied d'un vase de fleurs des champs.

La porte se fait pas mal attendre. Enfin la voilà : elle est en hobaybi « aggloméré », car ici le bois coûte cher. Zachareyya me montre son chef-d'œuvre. Il a découpé la Croix et le Croissant et les a encastrés l'une dans l'autre, il a également fabriqué des lettres en bois qu'il a soigneusement posées par-dessous. Que lit-on ? « *Allah mahabba* » : Dieu est amour. Zachareyya m'observe du coin de l'œil. Je suis tellement contente que je voudrais lui sauter au cou et l'embrasser. Mais modérons nos transports, ne scandalisons pas le public.

Ce bon musulman au cœur simple a de lui-même compris pourquoi je suis ici : simplement pour rappeler à nos chiffonniers chrétiens et musulmans que Dieu est amour. Oui, Dieu les aime puisque moi, qui ne suis qu'un pauvre être de la même argile qu'eux, je suis habitée par ce Souffle d'Amour qui me ferait volontiers donner ma vie pour transformer la leur. Je sais bien, moi, qui a apporté ce feu sur la terre, et c'est à sa Source brûlante que je vais rallumer chaque jour la petite flamme qui me possède.

Mes efforts pour leur promotion sont souvent voués à l'échec, mais si mon passage parmi eux leur laisse ce seul souvenir : « Dieu est Amour », je ne leur aurai pas été inutile : un germe divin aura été déposé au milieu des ordures de la poubelle et à travers la mort la vie refleurira.

Une lettre de Noël

Je retrouve ces lignes écrites il y a déjà deux ans.

21, Tasim El Balsam-Matariah, Le Caire
10 décembre 1972.

« Mes bien chers amis,

Noël approche et m'invite à venir vous apporter les vœux de nos amis chiffonniers : ils ne peuvent vous envoyer une jolie carte de vœux, mais seulement la joie qui brille dans leurs yeux au souvenir de ces amis lointains dont je leur parle et qui s'intéressent à eux.

Donner de la joie, n'est-ce pas ce que chacun de nous essaye de réaliser spécialement en ces jours de Noël ? Je suis dans l'émerveillement en voyant mes mains se remplir pour répandre de la joie. C'est d'abord le petit boyau où s'entassaient petits et grands qui est en train de se transformer en une salle spacieuse et claire. Le matin, les petits viendront s'y ébattre : poupées de toutes grandeurs, jeux éducatifs, cubes coloriés avec lettres et chiffres arabes, perles à enfiler, pâte à modeler, crayons de couleur, pots de peinture, et même un ours en peluche les attendent. J'ai pu être initiée, grâce à une excellente session de jardinières d'enfants, et me procurer le matériel nécessaire ; il aidera ces petits sous-développés intellectuellement à entrer dans un autre monde que celui des poubelles et des cochons et les préparera à l'école.

L'après-midi, les filles auront à leur tour espace et meilleure initiation à l'alphabétisation et à la couture : les patrons de grandes poupées sont préparés ; chacune va en confectionner une pour elle ou pour ses petites sœurs et lui faire son trousseau. Ensuite, ce seront les éléments de la coupe qui seront enseignés avec l'utilisation de la machine à coudre, ce qui représente le rêve de chacune. Il restera à les initier à la puériculture et au secourisme. « *Bichweiche, bichweiche...* petit à petit. » Une micro-réalisation de Caritas-Égypte m'a aidée à mettre tout cela sur pied.

Mais la meilleure consolation de cette année, c'est la vue d'une trentaine de petits qui s'en vont tout joyeux à l'école, petit sac en étoffe sous le bras avec cahiers et livres. Cela ne s'était jamais vu chez les chiffonniers, mais maintenant, les parents sont tout fiers : « Tu sais, Soraya sait déjà écrire son nom », me dit tout émue sa mère. Quelle bataille pour l'amener à inscrire sa fille. Mais le jour où enfin elle partit pour l'école avec en main les papiers nécessaires, c'était un spectacle merveilleux de voir Soraya trottiner derrière elle, le visage illuminé : son petit cœur sentait confusément qu'elle faisait le premier pas vers une nouvelle vie.

Ce sont ces petits qui viendront durant la soirée répéter leurs leçons sous la surveillance d'un maître ; une grande lampe à pétrole, pupitres et bancs remplaceront la petite chandelle et le sol humide de leur taudis. Ils laisseront ensuite la place aux hommes désireux à leur tour d'apprendre à lire et à écrire grâce aux leçons d'un jeune étudiant de l'université musulmane de l'Ashar, Ostaz Ali.

Le soir est le moment propice pour les visites dans les familles ; nous sommes tous assis par terre autour de la chandelle : ces gens simples me racontent leur vie difficile avec ses souffrances et ses deuils. « Ah ! si nous t'avions écoutée pour Maryam, elle serait allée en classe au lieu de tomber de la voiture et d'être écrasée par une auto. » Le silence se fait. La mère pleure silencieusement sur mon épaule. « Nous devons partir d'ici, mais il faut trouver du travail ailleurs. »

Chez Luiz, nous causons : « Combien de cigarettes par jour, Luiz ? — Deux boîtes. » Sa jeune femme l'interrompt : « Non, trois boîtes. — N'est-ce pas trop ? — C'est vrai, mais tu sais, notre vie est si difficile du matin au soir dans la saleté, je fume pour me distraire. »

Si ce sont des chrétiens, nous faisons ensemble un partage d'Évangile : j'ai souvent à apprendre d'eux, et en les entendant parler avec tant de profondeur parfois du message du Christ, je redis avec Lui : « Je te loue, Père, d'avoir caché cela aux sages et aux savants et de l'avoir révélé aux tout petits. » Ils possèdent ce trésor : la Sagesse de Dieu. Le titre suggestif du livre de Bouchaud : *Les pauvres m'ont évangélisé*, se réalise pour moi. Om Magdi n'avait un jour que dix piastres (un franc) quand elle alla visiter une orpheline ; elle est plus pauvre que moi, se dit-elle, et elle lui donna tout ce qu'elle avait. Elle ne mangea pas ce jour-là. N'est-ce pas vivre littéralement l'Évangile ?

Quelle belle leçon de courage m'a donnée aussi la jeune doctoresse qui vient un après-midi par semaine pour les femmes et les enfants à sa sortie de l'hôpital. Un jour de khamsine, où la chaleur était suffocante, je ne l'attendais pas. Mais soudain elle apparaît et s'assied pour ne pas se trouver mal.

« Mais enfin, Mimi, pourquoi êtes-vous venue sous ce soleil torride ? — J'ai toujours voulu rendre aux religieuses qui m'ont élevée tout le bien qu'elles m'ont fait. N'est-ce pas là le meilleur moyen de mettre en acte ce qu'elles m'ont appris ? »

Quant aux élèves des jésuites, ils continuent chaque semaine à témoigner leur amitié aux jeunes chiffonniers connus pendant les vacances en venant les entraîner aux sports.

Cette semaine un événement se prépare : ils vont faire un match de football, ensemble, dans le fameux champ que nous avons loué ; avoir ainsi un lieu de sport est une innovation qui a, je crois, une grande importance : ces jeunes commencent leur promotion en ayant la possibilité de s'entraîner au sport le plus apprécié en Égypte et surtout en compagnie de ceux qui font partie de ce qu'on appelle la « bonne » société. Mais le problème pécuniaire reste lancinant, car il s'agit de trouver chaque mois la somme nécessaire pour la location du terrain.

Cette vie m'a donné l'occasion de faire une expérience à laquelle on ne peut croire qu'après l'avoir vécue : vivre ainsi jour et nuit dans le partage avec les plus démunis apporte comme un rayon de la joie parfaite que goûtait en plénitude saint François d'Assise : ce chaud soir d'été où même l'eau de la pompe vint à manquer et où il fallut se coucher dans une minuscule chambrette près des cochons, avec les rats pour compagnons, il se passa quelque chose d'étrange : le cœur, ce vieux tonneau des Danaïdes, toujours inassouvi, se trouvait soudain comme libétré de ce poids sans cesse renaissant de désirs, une joie inconnue et merveilleuse l'inondait tout à coup ; la source d'eau vive promise par le Christ jaillissait à flots.

Chacun trouve à sa manière sa route de libération : cette mère de famille me confia l'avoir découverte au milieu d'un labyrinthe de difficultés surmontées par amour ; et cet homme d'affaires près de deux de ses ouvriers devenus soudain comme ses frères. Puisse l'étoile de Noël nous diriger toujours davantage vers ces merveilleuses rencontres où nous envahit la joie ineffable dont la source est en Dieu : celle du partage avec les hommes nos frères. »

Ils n'avaient jamais cueilli une fleur

« Aujourd'hui, mes petits, nous allons nous promener et cueillir des fleurs. » Cris de joie délirante. Ma volée de moineaux se précipite en désordre vers la porte branlante, tous veulent sortir en même temps, le mur en boue séchée va s'écrouler. Eshak, le moniteur, me jette un regard de reproche et s'élance : une taloche par-ci, une taloche par-là. Il hurle pour se faire entendre : « Romani, arrête. Hoda, si tu continues tu ne viendras pas avec nous. Daoud et Guirguis, ne vous battez pas. Tous assis à vos places. » Penauds, nos gosses s'asseyent de nouveau sur leurs petits bancs.

Eshak a raison. J'aurais d'abord dû les prévenir que nous ne prendrons en promenade que les gosses sages. Nous leur faisons croiser les bras pour éviter les coups de poing au voisin et banc par banc on sort... la porte est indemne.

Ils courent maintenant à travers les sentiers. A petite distance, c'est mieux, sinon ils se battent pour cueillir la même fleur. Ravis, chacun en a une pleine poignée qu'il serre sur son cœur. On s'assied par terre, en rond, les fleurs à la main. « C'est beau, les fleurs mes petits ? — *Naam, ya ableti*. Oh ! oui, grande Sœur », hurlent-ils avec conviction. « Qui a voulu qu'il y ait de jolies fleurs sur la terre ? — *Rabbina*, Dieu », crient-ils à plein gosier. Je cherche à les apaiser un peu — nous regardons tour à tour le ciel, les arbres, les champs, l'eau qui glougloute à travers le petit canal. Leurs petits yeux se remplissent de beauté. Nous remercions Dieu pour tant de bonnes choses : « *Nachkorak, ya Rab*. » On décide de mettre les fleurs dans une boîte à conserves et de la déposer dans le gourbi noir pour l'éclairer un peu. On repart, le cœur dilaté... les fleurs s'écrasent entre les petits doigts, c'est si extraordinaire pour eux d'en caresser la soie... Pauvres petits, jamais sortis de leur taudis, ils n'avaient jamais cueilli une fleur, jamais contemplé la nature ; s'élever de beauté en beauté, disait Socrate, jusqu'à la Beauté suprême : ça grimpe vite, les enfants !

Thalassa ! thalassa ! La mer ! la mer !

Les pluies ont commencé. Il faut du courage à nos filles pour passer à travers la boue des ruelles où les chevilles s'enfonçent, et venir à la leçon. Enfin, huit d'entre elles ont tenu bon. Je décide de les récompenser. Nous allons aller voir le Nil !

On part en chantant à travers les champs déjà secs sous le soleil qui a reparu, et hop ! nous voilà dans le train, puis dans le tram. Émues d'une sortie aussi extraordinaire, elles se serrent l'une contre l'autre autour de moi comme des oisillons dans un nid qui se balance. Enfin, nous approchons du Nil. Dès que nous touchons le quai, elles ne se possèdent plus et se mettent à courir les bras levés en poussant des cris : «*El bahr, el bahr*, la mer, la mer ! » Je repense soudain aux dix mille Grecs de Xénophon : à plus de deux mille ans de distance, cette nappe immense d'eau provoque cette même extase de joie effrénée : *el bahr ! el bahr !* reprend l'écho de Thalassa ! Thalassa ! Les yeux exorbités d'étonnement admiratif, elles s'appuient à la corniche et soudain se taisent.

Pauvres petites, qui ne connaissent que poubelles et cochons. Elles vont bientôt atteindre l'âge pubère dès douze à treize ans et n'auront plus la permission de sortir, même pour venir chez moi : on va alors les marier et elles n'auront pour tout bagage que le peu que j'aurai eu le temps de leur apprendre.

Samia Mohamed, une délicieuse petite qui frétille comme du mercure, vient près de moi, ses grands yeux noirs se lèvent, débordants de joie, puis elle me saisit la main, la baise avec effusion. Les sept autres ne veulent pas être en reste, elles cherchent toutes à me sauter au cou en même temps, mon voile va filer dans le Nil. Je le rattrape à temps, et la main dans la main, mes petites soudain calmées repartent le cœur léger. Peu importe les cochons et les poubelles, elles aussi maintenant connaissent le Nil !

Ayda et ses boucles d'oreilles

Elle s'appelait Ayda : un nom d'opéra... quatorze ans, d'immenses yeux noirs éclairant un visage rieur. Elle était comme une gazelle du désert, passait en bondissant et repartait comme l'éclair en chantant.

« Ayda, viens un peu apprendre à lire et à coudre. » Elle riait, en haussant les épaules. A quoi ça sert ? D'abord elle était fiancée et celui auquel elle allait bientôt appartenir voulait déjà qu'elle ne sorte plus du gourbi. Une femme passe, un panier de mandarines sur la tête. Ayda l'interpelle : « *Be kam ?* A combien ? — 5 piastres le kilo (50 centimes). — Tu rêves, 5 piastres ! c'est beaucoup trop cher. Tiens, en voilà 3 et demie. » Discussion acharnée, Ayda n'en démord pas, jette 3 piastres et demie et veut s'emparer des mandarines ; le ton monte, elles vont se battre.

« Voyons, Ayda, elle vend au prix qu'elle veut, achète ou non, mais laisse-la tranquille. »

Dans un bondissement de fureur, elle s'en va. Que réserve la vie à cette cavale indomptée, à cette petite âme sans contrôle ?

« Tu sais, Ayda ? — Quoi ? — Elle s'est versé le pétrole sur la tête et y a mis le feu ! » Et on me raconte la lamentable histoire : elle avait cassé ses boucles d'oreilles. Que faire ? Elle les confie à un homme qui passe et les fera raccommoder. Il revient... ses oreilles tintent de joie. Mais il réclame l'argent. Ayda court vers sa mère. « Quoi il demande 50 piastres (5 francs). Tu n'es pas folle ? » Et la vieille maman, furieuse, déverse sur sa fille un torrent d'injures. Ayda, hors d'elle, rentre dans le gourbi, saisit le bidon à pétrole, le renverse sur sa tête. Vite, une allumette ; la main secouée de saccades la saisit... malheur ! elle flambe tout entière, corps et habits. Elle mourait trois jours après, dans d'atroces souffrances.

Personne ne lui avait appris à régler ses impulsions, à Ayda, la petite gazelle ! Le père est mort peu après ; la vieille maman, spectre de malheur, est restée seule en serrant dans sa main une paire de boucles d'oreilles. Et l'on vit, et l'on meurt, pour des babioles !

Combien as-tu de jours de congé ?

Toi qui me lis à cet instant, veux-tu faire un rapide calcul ? Avec les cinquante-deux jours de congé de chaque semaine, les fêtes de Noël et de Pâques et les « grandes vacances », cela te fait combien de jours de loisirs par an ? Peut-être n'es-tu pas loin de la centaine ou la dépasses-tu même, en comptant les samedis ?

L'an dernier, j'ai essayé d'offrir un jour de loisir aux hommes qui viennent le soir à l'alphabétisation. Les jésuites m'avaient promis un autobus, nous pouvions aller jusqu'aux Pyramides, en nous arrêtant ici ou là. Les élèves sont réunis, Ostaz Ali, mon jeune ami, le futur cheihk de l'Azhar, a écrit au tableau additions et soustractions. « Voyons, les gars, voulez-vous que la semaine prochaine nous allions visiter les Pyramides ? En partant tôt le matin, on pourra passer au jardin zoologique et nous arrêter aussi là où vous le désireriez. — Oui, nous passerons par Sainte Thérèse de Choubra, propose Ostaz Ali (mystère de cette petite sainte qui est ici très aimée des musulmans comme des chrétiens). — Vous nous ferez aussi visiter votre université et la mosquée de l'Azhar », dis-je à mon tour.

Au premier souffle d'enthousiasme succède une sorte de marasme : « *Mouch momken*, impossible », disent-ils. « Pourquoi ? nous aurons l'autobus gratuitement. — On n'a jamais un jour libre. — Comment, jamais un dimanche, un vendredi ? — Jamais, les hommes ça peut se passer de manger un jour, les cochons, non, ils risquent de mourir. Et si l'on ne va pas ramasser les poubelles, qu'est-ce qu'on va leur donner ? — Mais de toute l'année, vous n'avez jamais un seul jour de vacances ? — Si, à la fête de Mar Guirguis (saint Georges), on prend deux jours de congé, on achète de la nourriture pour les bêtes. C'est tout. »

Un silence... je bouillonne intérieurement. Quel esclavage que ces cochons ! Les uns, les petits voituriers, dépendent du porcher leur maître, et les autres, propriétaires des bêtes, se soumettent au même régime de travaux forcés.

Je reprends enfin : « C'est l'été, on peut rentrer à 10 heures du soir. Partons l'après-midi, à quelle heure ? — On n'est pas rentrés avant 3 ou 4 heures. — Impossible avant ? A 2 heures ? — *Kwayyes*, bien, on va essayer. »

L'autobus est là, il attend sur la route. Je vais ramasser nos hommes ; 2 heures, Ostaz Ali est là avec Chaaban ; 2 h 30, Ibrahim arrive ; 3 heures, personne ne se présente encore. Il faut partir, car c'est loin les Pyramides ! On ramasse des garçonnets qui traînent ici ou là, ravis de cette merveilleuse aubaine, et en avant. Sur la route, nous rencontrons nos amis qui sont encore bien loin d'être rentrés. Ils nous jettent un long regard de tristesse. Je suis désolée, s'il n'y avait pas les petits jeunes qui crient et chantent, cette excursion serait lugubre. Nous voici arrivés devant les Pyramides : leur masse sombre me paraît aussi insoulevable que celle du destin de nos chiffonniers. Je me sens écrasée avec eux sous ces blocs immenses.

Mais où sont Hamdi et Fahmy ? Autour de moi, les nez sont levés vers les hauteurs. Je dresse le mien à mon tour et je retiens un cri : deux silhouettes escaladent sans frémir les blocs de pierre. Les voilà au sommet de la pyramide. Leur descente me paraît durer un siècle. Ce vieux Chéops qui a voulu un tombeau de 138 mètres de haut !

Enfin Hamdi et Fahmy dans un dernier bond de victoire s'élancent à nos côtés.

Seigneur, comment aider nos chiffonniers à bondir ainsi au-dessus de leur destin ?

Nos jeunes

Les élèves des jésuites viennent en amis chez nos chiffonniers. Rami passe chez moi prendre le ballon et en avant, au terrain des sports. Un dimanche, une de ces pluies diluviennes, heureusement rares au Caire, s'abat sur la ville. Pendant plusieurs jours des cascades d'eau tombent du ciel. Les chemins sont transformés en boue gluante où l'on s'enfonce jusqu'à la cheville. J'attends que tout sèche pour pouvoir repartir dans mon bidonville. Je téléphone à Rami : « Ma

Sœur, vous n'étiez pas là hier. — Non, bien sûr, avec ces chemins impossibles. — Pas tant que ça impossible, ma Sœur, je suis passé. — Et la boue ? — Bah ! on s'en sort, vous savez, les enfants m'attendaient. » Quel cran, tout de même, chez ces jeunes. Ils vous précèdent sur la route.

Reda est aussi un des plus fidèles. Les jeunes l'apprécient surtout pour son amitié si vraie, si franche, pour cette main qu'il leur tend fraternellement. Ils aiment causer longuement avec lui, ils se sentent compris : on discute d'homme à homme.

Les vacances approchent. Reda arrive : « Vous savez, ma Sœur, j'ai une invitation pour passer un mois ou deux en France. — Quelle chance ! Quand filez-vous en avion ? — Je n'irai pas. » Je tombe des nues. « Non, je préfère rester pour mes amis chiffonniers. » Combien de jeunes rêvent d'un voyage à l'étranger. D'autres préfèrent les chiffonniers.

Malheureusement le Père de Reda tombe sérieusement malade. Libanais, il veut partir se faire soigner dans son pays. Reda se doit de l'accompagner. Il se sent mieux et revient au Caire. Mais bientôt Dieu l'appelle à Lui. Nos chiffonniers sont saisis de tristesse à cette nouvelle. Quelques-uns viennent dire à leur ami combien ils partagent son affliction. Dans un des salons de son appartement, je les vois fraternellement assis au milieu d'hôtes « distingués », spectacle rare et réconfortant.

Ezzat a passé ses vacances de colonie en colonie, pour épanouir des petits qui n'ont jamais l'occasion de si bien jouer... et manger. Il a été aussi pour moi un des meilleurs animateurs. Je voudrais profiter des jours qui restent avant la rentrée des écoles pour faire travailler nos enfants qui vont en classe depuis deux ou trois ans et ne savent pas lire. Que peuvent faire les maîtres dans des classes qui comptent parfois de cinquante à soixante élèves, avec nos petits si lents à comprendre ?

« Ezzat, vous venez m'aider les trois semaines qui restent ? — Volontiers. » L'université organise un voyage à Alexandrie. Pour ce jeune qui a passé ses vacances au service des autres, c'est bien tentant : la mer et sa fraîcheur, des copains, des excursions. J'ai su trop tard qu'Ezzat y avait renoncé.

« Mais vous aviez besoin vous aussi de détente ! — Ma Sœur, vous savez, j'ai tant d'affection pour vous et nos chiffonniers. » Pour ça, j'en ai la preuve ! Je le vois arriver tous les matins et avec une patience infinie faire répéter chaque petit : nous faisons une révision générale ; ô triomphe ! nos enfants commencent à savoir lire. Ezzat n'a pas baigné son beau corps dans les flots d'Alexandrie, mais une joie singulière habite son âme : il a sauvé de l'ignorance de petits chiffonniers.

Sâmeh a passé tous ses dimanches après-midi chez nous. Il est devenu, lui aussi, le grand ami de notre jeunesse. Il les exerce au ballon et voudrait fonder avec eux une troupe scoute. « Petit à petit, ils se transforment, le sens de l'équipe commence à se faire jour », me confie-t-il.

Des jeunes comme ça, c'est « du tonnerre » !

Un sacerdoce

Il faut absolument que j'obtienne qu'un docteur vienne régulièrement chez nos chiffonniers. Je ne peux que donner chaque jour les premiers soins. Mais qui acceptera d'arriver jusqu'à cet endroit misérable, inaccessible en auto ? J'ai entendu parler d'un « toubib » remarquablement dévoué et désintéressé. Je vais le voir dans sa clinique, au quartier « chic » d'Héliopolis. A peine ai-je exposé la situation qu'il acquiesce : « Entendu, ma Sœur, je viendrai chaque semaine. Quel jour préférez-vous ? Je suis au service des pauvres », et il me confie : « Quand j'étais jeune, j'ai hésité entre la prêtrise et la médecine. Un de mes professeurs me disait : "Antoine, tu as ce qu'il faut pour devenir un excellent docteur et sauver pas mal de gens". Alors, je me suis décidé à faire de la médecine comme un sacerdoce. Une partie de ma clientèle est faite de pauvres. Et quant aux riches, si vous saviez à combien de drames j'essaye parfois de remédier. »

Le voilà, circulant au milieu des ordures des ruelles. Il est épouvanté. « Mais, ma Sœur, on doit attraper ici toutes les maladies. — Hé ! docteur, nous sommes tous plus ou moins vaccinés ! »

Des rats gros comme des chats courent entre nos jambes,

les mouches vrombissent à nos oreilles. Il me regarde, préoccupé. Je ris : « Oui, docteur, je vois ce que vous pensez. Je vais bientôt attraper la peste bubonique, le typhus exanthématique et le choléra verdâtre qui mène au tombeau ? Vous me sauverez alors, docteur, n'est-ce pas ? »

Il entre dans la pièce minuscule que j'ai soigneusement fait blanchir à la chaux. Il respire soudain. « C'est propre ici. — Mais oui, docteur, et comme les puces pullulaient, voyez, j'ai fait mettre un carrelage, nous le lavons à grande eau tous les jours. » Un peu rassuré, il commence à ausculter les malades. J'admire le respect avec lequel il traite chacun. Il s'attarde à certains cas plus sérieux. « Il faut les suivre », insiste-t-il. Une femme est incapable de se lever. Il part à travers les masures jusqu'à son taudis. « Je lui enverrai des médicaments spéciaux. »

Il s'en va, sous un soleil de plomb, retrouver sa voiture. Il avance d'un pas léger, transpirant et heureux : il vient de soulager bien des maux. Oui, docteur K., pour vous la médecine est un sacerdoce.

Il souffrait... de grossesse !

Une bonne part de nos chiffonniers viennent de Haute-Égypte. Ils en ont gardé la rudesse des mœurs, spécialement envers les femmes. Les maris ne leur permettent même pas toujours d'aller voir le docteur. Maintenant qu'ils savent que je suis présente à l'auscultation, ils sont rassurés. Pas tous cependant.

Om Awwar souffre de vertiges, elle attend son tour. Elle me paraît inquiète. « Fais-moi vite passer. » Elle entre... Soudain je la vois pâlir. Son mari la regarde par la lucarne. La colère durcit son visage. « Il ne voulait pas que je voie le docteur », me dit-elle. « Attends, je vais lui parler. » « Abdel Wahab, pourquoi es-tu fâché ? — Ma femme n'a rien, c'est de la comédie, je lui avais défendu de sortir. — Allons, Abdel Wahab, j'ai remarqué que tu es un si bon papa, inquiet quand Anwar a la plus petite chose. Alors, tu ne peux être bon aussi pour ta femme ? Promets-moi de ne pas la battre ! » Celle-ci sort, peu rassurée. Il la saisit par le bras et ils partent ensemble à travers la ruelle... Ne l'a-t-il pas battue ? Je n'ose l'affirmer.

Arrive à son tour le brave Fathy. Il raconte que depuis un mois il souffre de vertiges et de vomissements. Le docteur écoute avec attention ses explications embarrassées. Soudain il lui dit en riant : « Tu souffres... de grossesse, mon ami ! Ta femme est enceinte ? » Gêné, il répond : « Oui. — Bien essaye de me l'amener et, en attendant, donne-lui ceci pour l'estomac. »

Fathy est parti, satisfait et sans aucun doute bien résolu à ne pas faire voir sa femme. Le docteur et moi éclatons de rire et il me confie : « En Haute-Égypte, c'est courant : les hommes viennent se faire ausculter en racontant la maladie... de leur femme. Le jeune docteur le plus inexpérimenté a vite fait de comprendre qu'ils souffrent de troubles... de grossesse ! »

2
ombres et lumières

Un jeu d'ombre

Un peu comme dans les grandes foires du Moyen Âge, les joyeuses époques de rassemblement sont les foires. Mes petites m'expliquent qu'elles ne seront pas là demain, elles iront « à la foire de la Vierge ». « Il faut que tu partes, Ableti, tous les chrétiens y vont et les musulmans aussi. » C'est décidé, je m'unis à un groupe. On grimpe sur une carriole, on s'y entasse une trentaine, les jambes croisées, ou ballantes sur les bords. C'est ma position, elle n'est pas si inconfortable. On chante, on rit, on bat des mains, on interpelle les carrioles qui reviennent. C'est la joie débordante du bon peuple de Dieu. On saute à terre, les femmes sortent deux piastres du nœud de leur mouchoir et, enfant sur l'épaule ou accroché à la jupe, commencent à marcher. Nous nous perdons bientôt dans la cohue.

Rituellement, on doit commencer par la visite du sanctuaire de la Vierge, *El 'Adra* : on avance à petits pas, on piétine sur place, on avance encore. Tout le monde crie et chante. Enfin, nous voilà dans l'église. Des hommes armés de bâton mettent un peu d'ordre dans cette cohue en battant ceux qui ne veulent pas avancer : mais battus... et batteurs rient ensemble. Certains, pourtant, stationnent debout, stoïquement, sous les coups. Ils attendent qu'un jeu de soleil à travers les arbres dessine sur le mur une sorte de vague silhouette. Alors tout le monde hurle de joie : « *El 'Adra, El 'Adra*, la Vierge, la Vierge. » Ceux qui le peuvent caressent le mur pour une plus sûre « *baraka* », « bénédiction ».

Pauvres gens, remarquent-ils seulement que ce n'est qu'un

jeu d'ombre ? Mais cette ombre suffit à leur foi. Je ne sais pourquoi, je pense à la caverne de Platon où les hommes enchaînés ne voient, eux aussi, que les ombres de ceux qui passent derrière eux. Que connaissons-nous des autres, sinon une ombre falote... qui paraît souvent nous suffire ?

La foi de ce bon peuple lui fait tout transformer. Je regarde les visages : ils sont exultants de joie d'avoir au moins vu comme une ombre du ciel. A mon cerveau calculateur et à mon cœur froid, tout ceci paraît une ridicule mascarade.

Pour moi, oui, mais pour ces âmes simples, le doigt de Dieu écrit encore sur un mur. D'autres symboles, plus authentiques, ne sont-ils pas chaque jour offerts ? Comment apprendre à les déchiffrer en exultant aussi de joie ?

« Salib » : « Croix »

La foire offre à chacun un plaisir pour deux sous : des têtes hirsutes à abattre, des balançoires pour monter au ciel, des cônes rouges en guise de chapeau, des poupées en sucre rose, la chance à risquer par ici, le coca-cola à boire par là.

Ici, un homme tient un stylet à la pointe de feu : il le trempe dans un liquide noirâtre et fait grésiller la peau. Malaka m'explique : « C'est un tatoueur. Je vais faire inscrire la croix au bras de mes enfants. »

Le verset du cantique chante à mon oreille : « Pose-moi comme un sceau sur ton bras. » Je tends mon poignet. L'homme me sourit : une étrangère qui se fait tatouer ! La pointe de feu s'enfonce : une douleur lancinante, une odeur de roussi, la croix court sur la peau. Ça y est, les traits sont fixés, indélébiles, sur mon poignet, mais saurai-je porter dans mon cœur la croix, la souffrance du monde ?

Malaka parle maintenant avec son aîné ; il a huit ans, il peut comprendre le sens du tatouage : il va souffrir quelques instants, mais c'est pour avoir jusqu'à la mort la marque de la croix. « Fahmy, tu es fier d'être chrétien ? » L'enfant jette sur sa mère un regard de petit homme et tend résolument son poignet : il serre les dents et ne bronche pas. Sa mère l'embrasse. Mais les cinq ans de Magdi ne s'élèvent pas jusqu'à une telle hauteur. Il hurle et se débat, le poignet tenu résolument par son frère. C'est fini, il voit la croix noire sur son petit poignet rose. Les larmes sèchent et il brandit fièrement sa main.

« Salib », « croix », est ici un nom fièrement porté par beaucoup de chrétiens. Ceci m'amène à l'histoire de Salib, brave receveur de tram, père de neuf enfants. La vie n'est pas facile. Je reçois une lettre d'amis riches de France : « Nous voudrions adopter deux petits enfants pauvres. » Sûre d'avance de la réponse, je vais pourtant chez Salib. Il appelle sa femme et se met à rire : « Tu donnes deux de nos enfants ? — Jamais ! » Il se penche vers Selma, cinq ans : « Tu veux partir dans un beau pays, Selma, tu auras une belle robe et des bonbons. » Selma saute sur son père et se cache dans ses bras. « *Lê ! lê !* non, non ! » Salib me dit : « Chacun doit porter sa croix. Je ne me déchargerai jamais du poids de mes enfants, d'ailleurs, ils sont aussi ma joie. » Je n'ai jamais vu de famille aussi rieuse, aussi chantante que ce nid plein d'oisillons. Il y en avait toujours un sur les genoux de son père. On mangeait du pain et des oignons autant qu'on en voulait... Quand Salib rentrait, un petit ne manquait jamais de lui sauter au cou Est-ce vraiment d'abord d'une vie aisée dont ont faim nos enfants ?

Quant à Salib, il s'était fait, lui aussi, tatouer de la croix

On tue dans le maïs

Le nombre de nos petits enfants venant apprendre à lire et à coudre augmente cet été, et la chaleur de tous ces jeunes corps pressés dans un local même agrandi produit toujours un air intolérable. Je trouve une grande salle attenant à l'église du village voisin. Une petite cour permettra d'y jouer. On me permet d'en disposer pendant les mois de vacances. En avant !

Les filles, ravies, amènent chaque jour de nouvelles amies. Jamais comme maintenant nous n'avons atteint la cinquantaine. Lecture, écriture, calcul, couture, catéchèse pour les chrétiennes, morale pour les musulmanes, se succèdent, rythmés de jeux de balle. Tout va pour le mieux, dans le meilleur des mondes, dirait Candide !

Soudain, le nombre des filles commence à diminuer, un après-midi elles ne sont plus qu'une poignée. Que peut-il bien se passer ?

Je les interroge. Pourquoi les autres ne viennent-elles pas ? Elles se regardent et d'une seule bouche : « *Dora ? dora !* le maïs, le maïs ! » Et, soudain apeurée, l'une s'écrie : « Moi, je ne viendrai plus. — Ni moi », ajoute une autre. Je ne comprends pas. « Maïs, Ableti (ma grande sœur), on tue dans le maïs, on a volé deux enfants de chez nous. »

Je vais au fond des choses. Aucun enfant n'a disparu, mais les paysans, pour éviter que les petits ne grapillent en passant, on fait courir ce bruit : « On tue dans le maïs ? — Ça oui, surtout en Haute-Égypte, où l'honneur doit être vengé dans le sang : une fille courtisée de trop près, des insultes reçues, un vol subi, etc. On attend le temps où le maïs a deux ou trois mètres de haut. On paye un tueur, cinq à dix livres. Il s'embusque à travers les tiges, abat la victime désignée et s'en va tranquillement, justice est faite. »

A mon tour je passe à travers le maïs. Soudain, des pas précipités derrière moi. Est-ce le tueur ? Je me sens si seule sur cet étroit sentier à travers ces deux haies qui surplombent ma tête. Mais chez les chiffonniers en tout cas je n'ai que des amis. Oui, mais n'importe qui passe par ici : il faut faire face. Je me retourne brusquement, le cœur qui bat. L'homme précipite ses pas et me lance. « N'as-tu pas une croix à me donner ? Regarde. » Il me montre le tatouage en forme de croix sur son poignet. Je lui montre le mien. « La fille de ma sœur est malade. — Écoute je n'ai rien sur moi, mais je t'en donnerai une autre fois. » Il me sourit de toutes ses dents. Nous continuons à marcher en amis entre les hautes tiges.

Maïs coupé, danger passé, nos petites sont revenues.

Ils ont enfoncé la porte

Comment réveiller la foi endormie de nos amis chiffonniers qui ne mettent le pied à l'église que le jour de la foire de la Vierge ? La semaine sainte approche. Faisons-leur voir un film sur la Passion et la Résurrection. La salle attenant à l'église est spacieuse. Je vais trouver le responsable. Nous voilà vite d'accord. Il me donne deux cents billets et il distribuera les autres dans sa paroisse. « Peu importe le nombre de billets, me dit-il, jamais tout le monde ne vient. »

Succès plus grand que je n'osais l'espérer. Mes petites se partagent la vente des billets et me rapportent fidèlement les deux piastres (20 centimes) de chacun d'eux : il ne m'en reste qu'une dizaine. J'ai bien prévenu, il faut être là à 6 heures.

Le soir tombe. La pièce se remplit des bons paroissiens qui ont le sens de l'exactitude. Je suis inquiète, mon troupeau commence à peine à arriver et la salle est déjà comble. C'est fini, il n'y a plus de place. Le responsable fait fermer les portes et donne l'ordre de commencer.

Coup de poing au-dehors. Ouvrez, ouvrez, nous avons des billets. On leur crie de l'intérieur : « Trop tard, il n'y a plus de place. Il fallait arriver à six heures, il en est 7 ! »

Comment ! ils ont donné deux piastres, et c'est un film sur le Messie et on ne veut pas les laisser entrer. On va bien voir !

Ils redoublent de coups de poing, la porte commence à céder. Ostaz G. appelle ses jeunes gens à la rescousse et ensemble ils s'arc-boutent aux battants qui craquent. Enfin, un dernier coup d'épaule et nos grands, beaux hommes du Saïd, entrent en criant. Le responsable, affolé, saisit une cravache et essaye de les faire reculer. Rien n'y fait, ils avancent en rangs serrés et compressent de plus en plus les bons paroissiens épouvantés. Puis, émus, ils ponctuent le film de leurs exclamations. Quand le Christ portant la croix apparaît, ils serrent les poings. Ah ! s'ils avaient été là, comme le disait Clovis pour ses Francs ! Au moment de la Résurrection, c'est du délire, des applaudissements, un tohu-bohu inexprimable. Les bons paroissiens, de plus en plus compressés par les derniers retardataires, se demandent avec angoisse s'ils vont sortir vivants de cette galère.

Enfin, le film s'achève. Radieux, nos chiffonniers s'en vont et viennent chacun me serrer la main avec effusion.

Puis, braves gens, ils disent au revoir au responsable et à sa cravache qui pend, inerte. Les bons paroissiens enfin délivrés sortent à leur tour en me jetant un noir regard. Ce sont certainement de saintes gens, mais, finalement, qui a regardé le Christ avec le plus d'amour ?

'Adra Maryam

Fauzeya reposait, fatiguée, sur le lit couvert de mouches, un petit paquet de chair rose à côté d'elle. « Donne-moi un joli nom pour ma petite fille. — C'est à toi de choisir, Fauzeya. Pour moi le plus beau nom qui chante, c'est celui de la Vierge Marie, El 'Adra Maryam. » Son visage pâle s'éclaire : « Oui, oui, nous allons l'appeler Maryam », et elle berce avec ravissement le petit paquet entre ses bras.

Le culte de la Vierge a gardé toute sa force en Orient ; les musulmans eux-mêmes jeûnent en son honneur. Mais il y a parfois des bagarres avec les protestants. Taki, par exemple, est un fervent orthodoxe. Il attendait l'autre jour le docteur dans le petit carré, devant ma cabane. Tout à coup j'entends des cris aigus de ce côté, je me précipite : Taki, rouge comme un coq, les yeux hors de la tête, voulait se jeter sur Beghit, le protestant. Chacun lançait en hurlant ses arguments à la tête de l'autre, sans rien écouter, naturellement. A mon arrivée, les deux coqs s'apaisent à peine et Taki, sûr de mon approbation, me jette : « Tu l'entends, il ne croit pas que la Vierge a apparu à Zeytoun ! » J'essaie de le calmer en lui parlant gentiment : « Taki, est-ce que Beghit n'a pas le droit de penser ce qu'il veut ? » Puis je me tourne vers l'autre : « Beghit, si tu le désires, entre maintenant chez le docteur. » Il s'éclipse, heureux de la tournure des événements.

« Alors, tu lui donnes raison ? — Voyons, Taki, tu vas le persuader en boxant ? Quand tu l'auras fait rouler par terre, il va se mettre à invoquer El 'Adra Maryam ? » Sans répondre à ma question, il interroge : « Et toi, tu ne vas pas à Zeytoun prier la Vierge ? — Bien sûr, c'est un haut lieu. — Et alors, tu crois à ces apparitions. — Taki, je sais que beaucoup de chrétiens et même de musulmans disent l'avoir vue ; pour moi, je m'unis à leurs chants, cela me suffit. El 'Adra

Maryam est là partout où on l'appelle. » Il se souvient soudain qu'il est malade et file chez le docteur.

Ce brave Taki était prêt à étrangler un homme en l'honneur de la Vierge. Sans qu'il s'en doute, le voilà disciple d'Ignace de Loyola aux premiers temps de sa conversion. Il faut que je lui raconte l'histoire de la mule : Ignace cheminait avec un Maure ; après une violente discussion mariale, ce dernier fouette sa bête et s'éloigne. Le cœur du chevalier saute sous sa cuirasse : « Avoir osé insulter sa Dame. Sainte Marie, je vais l'immoler sous vos auspices. » La main sur l'épée, il lance sa mule en avant. Taki, tu vas tressaillir de joie à cette histoire, mais attendons la suite, mon ami. On arrive à un carrefour, le Maure tourne à droite. Ignace n'est tout de même pas absolument sûr qu'il doive lui fendre le crâne. « Mieux vaut s'en remettre au jugement de Dieu. Si ma mule galope à droite, je l'occis bel et bien. » Il lâche les rênes... la mule a tourné à gauche. Taki me répondra : « C'est une bête... pacifique ! »

Du bonheur pour 50 francs

Des touristes français ont passé, en partant ils me laissent quelque monnaie d'argent du pays qu'ils ne pourraient plus utiliser. Cela me fait 5 livres, 50 francs environ.

Je retourne chez nos chiffonniers. Fauzeya est sombre, taciturne. Je ne la reconnais pas. Les enfants pleurent et se disputent. Qu'est-ce qui arrive ? Son mari est en crise de dépression, il ne veut plus travailler. Il passe sa journée au café, boit et joue les quelques piastres qu'ils ont.

« Dis à Guirguis de l'appeler. » Le petit court et bientôt le père arrive.

« Qu'est-ce qui t'arrive, mon ami ? » Son regard est triste et vague. « Je suis trop fatigué, je ne peux pas travailler. » Nous causons, il se détend un peu.

« Écoute, j'ai remarqué que le quinquina t'avait fait du bien, la dernière fois. Veux-tu que je te trouve une bouteille ? — Oh ! oui. — Bien, viens le chercher demain soir, samedi. Je serai dans ma fraternité avec mes Sœurs ; mais fais l'effort d'aller d'abord le matin au travail, sinon tu sais que tu risques de perdre ta place. — Entendu. »

Il est 6 heures du soir, je le vois arriver, exténué. « Tu vois, je reviens de la fabrique. J'ai vu le docteur du travail. Il m'a dit : "Tu devrais avoir une petite radio, et quand tu arrives chez toi, fatigué, tu t'étends et tu écoutes la musique, ça te repose plus que d'aller au café et ça ne te coûte rien !" Il a bien parlé le toubib, mais je n'ai pas de radio ? — Combien ça coûte ? — Trois ou quatre livres. — Bien, c'est ta chance ! Hier des touristes m'ont laissé une petite somme. Allons l'acheter, cette radio. » Il me rendra l'argent plus tard, s'il y arrive.

Nous voilà devant une boutique : un transistor pour 3 livres 75. On entre, on l'achète, puis une bouteille de quinquina pour remonter le papa, une boîte de cacao pour la maman qui jeûne à l'eau, des raisins et des pêches pour les enfants. La radio chante un air gai. Les rides de l'homme se sont atténuées, la joie brille dans ses yeux redevenus vifs, il rit, soulagé. « Ah ! je vais pouvoir travailler ! et plus besoin d'aller écouter la radio du café ! » La famille va reprendre sa vie normale, sauvée pour 50 francs !

Ils chantent

J'ai encore beaucoup à apprendre chez nos amis chiffonniers, spécialement pour un certain humour qui étouffe dans l'œuf la tragédie. Au lieu d'immoler Iphigénie, Agamemnon, chez nous, aurait mis son casque sous le bras et aurait nuitamment quitté le camp. Nous n'avons pas de héros et quand il s'agit du service militaire, plusieurs se trouvent avoir perdu leurs papiers, ce qui les en dispense automatiquement. Je n'en ai vu aucun revenir de la guerre en montrant ses blessures. Ce sont des objecteurs de conscience qui s'ignorent.

La femme qui hurle, battue comme plâtre lundi, a parfois tout oublié mardi et chante au milieu de ses vieux bidons troués. Il n'y a pas de complexes chez nous et, voyant les médicaments qu'on m'avait donnés en abondance pour calmer les nerfs, le Docteur se met à rire : « Il faut envoyer cela dans les quartiers chics, ma Sœur ; on en fait grand usage là-bas ! »

C'est ce ressort qui les sauve et permet au moins à certains d'entre eux de rebondir dans ce cadre tragique qui en écraserait d'autres.

L'événement de l'instant est, pour eux, le réel dont il faut s'accommoder : c'est là toute leur philosophie, des enfants aux adultes. Cette élasticité, ce rebondissement m'étonne à chaque coup. Samia rêve depuis longtemps de la promenade au zoo que nous allons faire. Le matin du départ, elle arrive en larmes : « Maman ne veut pas, viens lui parler. » J'arrive : « Je ne peux pas la laisser, vois, c'est elle qui va soigner les cochons et le petit, je suis malade aujourd'hui. » Je caresse doucement la joue humide de Samia : « Qu'est-ce qu'elle va faire, maman, sans toi, *ya habebti* (petite chérie), tu ne veux pas rester pour l'aider ? » Samia lève sur sa mère ses yeux encore voilés de larmes, puis dans un sourire : « Je reste avec toi, maman. — Tu me prendras la prochaine fois, n'est-ce pas, *ableti* ? » Elle m'embrasse et, légère, court s'occuper des cochons et fredonne : « *Ya mama, ya Helwa.* »

Mystère du cœur de l'homme : le plus comblé réclame toujours davantage, nos financiers perdent leur sommeil ; le plus démuni s'accommode de son gîte, nos savetiers et nos chiffonniers chantent.

« El Fil » : « L'éléphant »

Grand événement : nous partons au jardin zoologique. Les petits pieds courent, légers, le long de l'étroit sentier qui surplombe le fossé où s'écoule en glougloutant l'eau du canal. Quelle joie de bondir ainsi à travers champs vers l'autobus qui nous attend (encore une fois prêté par les jésuites : c'est gentil car on arrive difficilement à en acheter et pas de pièces de rechange pour les vieux poussifs !).

Maintenant, dans la ville, nos petits, ravis, font des signes de la main à nos amis chiffonniers qui passent. Aujourd'hui ce n'est plus un vieil âne qui les trimbale cahin-caha, mais un vrai autobus qui file à toute allure. Bon, ça y est, tout le monde descend.

Je divise mon troupeau avec des recommandations draconiennes : « Rester rattachés à son équipe et à la responsable qui doit chaque fois recompter ses cinq brebis ; celles qui n'obéiront pas et devront sans cesse être rappelées à l'ordre n'iront pas avec nous la prochaine fois ; elles risquent de s'égarer : l'autre jour une maman criait en pleurant à travers le dédale des allées, ayant perdu sa fille ; la petite devait, elle aussi, crier et pleurer en tournant en vain pour retrouver sa maman ; et qu'est-ce qu'elles feraient toutes seules, loin des chiffonniers, égarées dans ce parc immense ? » Apeurées, mes petites promettent d'être bien sages, et en avant. Premier arrêt devant les autruches. « Comment ça s'appelle ? Qu'est-ce que ça mange ? » Avançons, les flamants roses perchés sur leurs échasses nous regardent passer avec flegme. Soudain, on entend un rugissement. Mes petites se serrent l'une contre l'autre. N'ayez pas peur, c'est le lion, mais il est en cage. On s'avance en tremblant : il ouvre une gueule énorme qui fait frissonner... et bâille. Rires de sécurité. Un autre, étendu la tête entre les pattes, rêve ou dort. C'est pas si méchant le lion. « Non, mais attention, l'année dernière, un gardien inconsidéré a eu le bras arraché. Éloignons-nous. »

Nous arrivons devant la maison des serpents. Ils sont chacun derrière une vitre : nos enfants n'ont pas peur, se poussent, s'interpellent quand la bête rampe ou s'enroule. Mais où est le crocodile ? Sous l'eau, probablement. Elles l'appellent avec obstination « *Ya Timsah, ya Timsah* », mais rien ne bronche. Il est au bain.

Toujours inquiète, je passe mon temps à recompter mes brebis, cinq par cinq. Toutes sont là ; allons voir les singes. Cette fois, c'est le grand arrêt, la contemplation. J'entends l'une dire à l'autre « Tu sais, ça ressemble à des hommes. Ça doit être ceux qui ont été méchants et après ils sont devenus des singes. » Vous voyez ça, nos petites chiffonnières devenues philosophes qui inventent à elles toutes seules la métempsycose !

Les perroquets nous appellent. L'un d'eux, chaque fois que le gardien lui parle à l'oreille, s'écrie : « *Ya Hasan, ya Hasan* ! » On s'éloigne difficilement en se retournant sans cesse vers cet étrange oiseau qui parle.

Mais qu'est-ce que c'est que cette immense bête là-bas? «*El Fil, El Fil*», «L'éléphant, l'éléphant!» Cette fois-ci, équipe ou pas, obéissance ou non, elles filent à toutes jambes. La trompe monte et descend, s'empare d'un concombre et l'enfourne en vitesse. C'est maintenant chez les enfants une cascade de rires. Il faut littéralement les arracher loin de cette trompe maligne, elles jettent maintenant un regard indifférent sur l'ours blanc qui tourne en rond... Peuh? c'est un petit ours, mais le Bon Dieu il a fait les éléphants!

Et l'œil rempli de cette vision gigantesque, elles sont reparties triomphantes. On en aura à raconter des choses aux chiffonniers!

L'esclave

Une femme entre pour se faire soigner. Les yeux disparaissent au milieu d'un visage gonflé ressemblant à celui d'un bouledogue. Je lui demande : « C'est la première fois que tu viens? Je ne t'ai jamais vue. Où habites-tu? » D'une voix rauque elle me répond : « Tu ne me reconnais pas, mais je suis Hanem! — Hanem, ce n'est pas possible, c'est toi? Mais qu'est-ce qui s'est passé? Qu'est-ce que tu as? — Mon mari m'a battue. — Pourquoi, qu'est-ce que tu as fait? — Rien, il est comme ça! »

Je la fais asseoir et j'examine son pauvre visage boursouflé, son pauvre corps endolori. Il a dû la jeter à terre et l'écraser de coups de pied.

« Écoute, tu dois aller te faire soigner à l'hôpital et y rester quelques jours au repos pour que tout se remette en ordre. — C'est inutile, il ne voudra jamais. — A quelle heure rentre-t-il avec la petite voiture? — A 4 heures. — Bien, j'irai le voir. »

Elle frissonne : « Non, non, ne lui dis pas que je t'ai parlé, il me battra de nouveau. — N'aie pas peur! »

A 4 heures je passe devant lui. Il est assis contre les vieux bidons troués de son taudis.

« Alors, Mikhaïl, comment ça va? — Pas mal. — Écoute, j'ai rencontré ta femme, elle a un drôle de visage. — Elle est tombée du toit. — Tu veux rire! Quand on tombe du toit on peut se casser quelque chose, mais pas avoir une tête pareille. — Bien, voilà la vérité, je l'ai battue. — Pourquoi, qu'est-ce qu'elle a fait? » Il se lève, de nouveau en fureur, les yeux lui sortent de la tête, il va la chercher pour la battre à nouveau. « Assieds-toi, Mikhaïl, calme-toi. » Je m'assieds par terre auprès de lui.

« Voyons, doucement, raconte-moi ce qu'elle a fait. — Écoute bien, hier, je suis parti comme tous les jours à 4 heures du matin. — Oui, j'entends parfois rouler ta voiture. — Elle s'est recouchée et endormie. — C'est normal, toutes les femmes font la même chose, et après? — Après? elle a laissé la porte ouverte, avec le cadenas et la clé dessus. Un voleur est passé, *kanet nayma*, elle dormait, il est entré, *kanet nayma*, elle dormait, il a volé la radio, *kanet nayma*, elle dormait, il a volé ma galabeya (robe), *kanet nayma*, elle dormait, il a volé le cadenas avec la clé, *kanet nayma nayma, nayma.* » A chaque *nayma* sa voix monte d'un ton. Il va se casser les cordes vocales.

Le regard mauvais, les lèvres contractées, il ajoute dans un cri rauque : « Elle m'a fait perdre 30 livres : talatin guinées, *tesmayi kwayess*, tu entends bien ! »

Je lui dis tristement : « Oui, 30 livres, c'est une fortune. » Il répète après moi, heureux d'être compris : « C'est une fortune. » J'enchaîne doucement : « Maintenant que tu l'as battue, tu as retrouvé cette fortune? » Il me regarde, un peu ahuri, et ne répond pas. J'ajoute calmement : « Et maintenant aussi que tu l'as mise dans cet état, tu dois l'envoyer à l'hôpital, ça va encore te causer quelque dépense. — Pas la peine qu'elle y aille ! — Mais si elle n'est pas convenablement soignée, elle risque de ne pas se rétablir, et qui soignera tes cochons ? »

L'argument est de taille. Je le quitte, il paraît ébranlé. Il a tout de même envoyé sa femme à l'hôpital, son esclave plutôt. Comme chez les anciens Romains, elle n'avait droit qu'au pain, au travail et au bâton.

Les mouches

Une de mes grandes préoccupations reste la promotion des femmes. Je n'arrive pour ainsi dire à rien dans ce domaine. Quand je passe à travers les ruelles des bidonvilles et que je les vois sales et déguenillées au milieu des ordures, allaitant un bébé rachitique couvert de pustules, mon courage défaille devant mon impuissance pour les sortir de là.

Des essaims de mouches sont posés au coin des yeux et couvrent le visage des bébés déposés sur un lit, noir lui aussi de mouches. J'ai préparé de petits voiles blancs, j'en mets un sur le corps à moitié nu de Fathy. Je reviens le soir, heureuse à la pensée qu'il aura été préservé des mouches. Par terre traîne un noir et dégoûtant chiffon ; je reconnais le petit voile, ce matin il était immaculé.

Ces femmes sont abruties par trop de maternités successives : elles accouchent et un mois ou deux après les voilà de nouveau enceintes. Un docteur, à qui je demandais conseil, me propose d'établir chez moi un centre gouvernemental de contrôle des naissances. Ce n'est pas si simple : les femmes seront scandalisées au dernier point de me voir patronner un centre de ce genre et, d'autre part, je me verrai peut-être un jour en face de méthodes que je ne pourrai approuver, comme la stérilisation.

Je lui demande seulement une infirmière spécialisée. Celle-ci arrive et, comme elle ne connaît pas les lieux, je dois l'accompagner pour la première fois. Je reste cependant à l'écart tandis que j'entends le groupe de femmes qui l'entourent rire et se moquer d'elle. C'est Dieu qui envoie les bébés, de quoi elle se mêle celle-là. Et c'est moi, une religieuse, qui leur amène une dévoyée pareille !

L'infirmière refuse de revenir, elle n'aime pas qu'on se paye sa tête ! Que faire ? Il faut commencer par des sujets plus simples d'abord, d'hygiène générale par exemple. Je pars à la recherche d'un bureau qui m'a-t-on dit, est spécialisé dans les films de ce genre. Je le découvre en effet et je me mets d'accord avec le directeur : il m'enverra un premier film sur les mouches. L'expérience du curé avec ses bons paroissiens a été concluante. Il vaut mieux rester entre nous. Le champ du sport peut nous servir : nous n'avons pas d'électricité ; qu'à cela ne tienne, un camion avec batterie transportera l'appareil, me propose le directeur. Mais je veux surtout que nos femmes soient présentes. « Dites à leurs maris, me conseille-t-il, que le gouvernement a fait ce film expressément pour elles. »

J'ai préparé des billets d'une piastre (10 centimes), car j'ai pour principe de leur demander toujours une minime participation. Les hommes, enchantés, me tendent la piastre. « Attention, tu ne viens pas sans ta femme, le gouvernement nous envoie le film pour elle. » Il me regarde ahuri. Sa femme va sortir, et le soir encore ! « Ne t'inquiète pas, nous faisons le cinéma dans le terrain de football : les femmes à droite, les hommes à gauche. J'y veillerai moi-même. » L'homme hésite, la femme insiste. « Tu vois, c'est un ordre du gouvernement. — Je m'en moque du gouvernement, tu n'iras pas. » Hum ! ça va mal finir. « Écoute, Fatma, s'il ne veut pas, laisse pour cette fois. Quand il verra d'autres femmes au cinéma, il te permettra la fois prochaine. »

Le soir, ils sont des centaines d'hommes à gauche et tout de même une cinquantaine de femmes à droite. Nous sommes tous assis par terre, une corde rigoureusement tendue fait la séparation. Une mouche mécanique apparaît sur l'écran et saute de-ci, de-là, poursuivie par un petit lutin : ils rient à gorge déployée. Elle veut se poser sur la viande, mais boum ! le lutin l'assomme ! Quelle drôle d'histoire, pensent-ils.

Une ménagère bien propre apparaît ensuite et jette les ordures dans une jolie poubelle recouverte d'un couvercle. Nouvelle hilarité !

J'avais été chercher un film en couleur chez le conseiller culturel japonais : c'est une féerie de papillons multicolores volant à travers des cerisiers roses. Ils sont au summum de l'enchantement et mes voisins me remercient avec effusion. Je suis heureuse de leur avoir fait passer quelques heures de distraction, mais l'histoire de la mouche assommée et de la poubelle bien fermée leur a paru aussi lointaine que la féerie japonaise !

Ils sont des centaines et pourtant les piastres ne résonnent pas en si grand nombre dans l'escarcelle. J'apprends que des gosses ont joué aux faux-monnayeurs et fabriqué des billets qu'ils ont vendu.

Le bilan de cette première tentative n'est pas très positif. Si, pourtant, ils se sont bien amusés, et surtout, miracle, des femmes étaient présentes !

La fête des mères

Il s'agit de donner une grande importance à la fête des mères : pour apprendre la valeur de la femme, le plus facile n'est-il pas de commencer par la mère ?

Depuis un mois, les petits le matin, les filles l'après-midi, répètent des chants :

« Ya mama, ya helwa »
O maman, ô jolie !

Au jardin d'enfants, on dessine, on colorie une petite bonbonnière en carton ; l'après-midi, chez les filles, on brode un mouchoir (entre nous, ce n'est pas de la broderie fine). Soudain l'une d'elles s'approche. « Dessine-moi une croix, *Salib*, au milieu du mouchoir ». Je m'exécute. Ravies de cette invention les autres chrétiennes m'entourent toutes à m'étouffer en me tendant leur mouchoir : « *Salib, Salib !* » — Patience, l'une après l'autre, Dieu ne m'a donné que deux mains, il faut lui en demander quatre ou six pour vous. » Elles rient, me voyant déjà en divinité hindoue avec quatre ou six bras.

Les petites musulmanes accourent à leur tour : dessine-moi la fenêtre de Mahomet. Hum ! je ne m'y connais pas en la matière. Enfin, allons-y. Je trace un rectangle à barreaux. Elles sont extasiées. Que vont dire leurs mamans ?

Un matin, au jardin d'enfants, je réclame le silence : « Attention ; écoutez bien tous. On vous donne de temps en temps une piastre pour acheter une sucrerie ? » Un chœur bien nourri me répond : « *Naam*, oui. — Cette semaine, chacun va garder sa piastre pour apporter des bonbons à maman. » Le chœur s'est soudain tu. Je reprends : « Vous aimez tous maman ? » Le chœur répond, convaincu : « *Naam*, oui. — Vous l'aimez plus qu'un bonbon ? » Le cœur fléchit de nouveau. Je ne me décourage pas : « Que c'est joli des enfants qui aiment plus leur maman que les bonbons ! Voyons, je suis sûre que j'ai devant moi beaucoup de ces bons petits enfants ! »

Un doigt se lève : « *Ana, ana !* Moi, moi ! — Vous voyez, j'étais sûre que Romani aime mieux sa maman que les bonbons. Bravo, Fawzi, toi aussi. Et Samia aussi, bravo ! » Les uns après les autres, de petits doigts se trémoussent. « C'est très bien, vous allez tous m'apporter la piastre et nous allons offrir à maman une jolie bonbonnière bien remplie. » Une piastre ne représente que deux bonbons, mais j'ai à travers les continents de bons amis : jamais je n'ai trouvé ma bourse vide, et mes marmots ravis empilent les bonbons, ils savent, les coquins, qu'ils en auront leur bonne part !

Avec les filles, nous allons préparer un cake. Chacune m'apporte aussi sa piastre, sans difficulté cette fois. Mais attention, nous sommes en carême, nous jeûnons ; rien en provenance de l'animal ne peut être utilisé : ni beurre, ni œuf, ni lait. La jeune monitrice a une recette de cake de carême et dans l'enthousiasme on s'y met ; en voici les ingrédients pour les amateurs (nous avons naturellement bien augmenté les quantités) : un verre d'huile (225 g), deux verres de sucre (500 g), deux verres de jus d'orange (un kg d'oranges), trois verres de farine (500 g), un paquet de Baking powder.

Chacune épluche et presse les oranges et, les mains soigneusement lavées, on mélange la pâte. Téréza a allumé son four à pain. On y porte en procession le cake et on bavarde, assises sur le sol autour du four, jusqu'à cuisson complète. Merveille ! On le dévore des yeux ! Ce sera pour les mamans demain... et pour les enfants aussi !

Le grand jour est arrivé : les garçons sont impeccables dans leur galabeya propre et les filles, un ruban dans leurs cheveux, sont plus jolies l'une que l'autre. Les mamans entrent, émues : c'est la première fois de leur vie qu'on leur souhaite une fête quelconque. On chante, on récite, on écrit au tableau quelques mots : les mamans sont dans une admiration d'autant plus intense que ces signes mystérieux sont pour elles des hiéroglyphes.

Le tour des cadeaux est arrivé, chacun apporte qui sa bonbonnière, qui son mouchoir rempli, lui aussi, de bonbons On embrasse maman : « *Ayid Sayïd !* Bonne fête », et l'on promet d'être bien sage.

Enfin, le fameux cake apparaît en triomphe, il est soigneusement coupé et tous en ont leur bonne part. Chaque maman épanouie s'en va, tenant la bonbonnière ou le mouchoir d'une main, et son enfant de l'autre : la même joie pétille dans ces deux paires d'yeux qui se ressemblent.

Le soir, les hommes arrivent pour l'alphabétisation . « Pourquoi ces banderoles ? — Mais, c'est la fête des mères ! Qu'avez-vous fait aujourd'hui pour la vôtre ? » Ils me regardent, étonnés. « Tout le pays célèbre les mères aujourd'hui ! Pourquoi pas les chiffonniers ? » J'en profite pour leur dire : « Savez-vous ce qui me peine ? c'est combien vous battez vos femmes ! » Cette fois on ne se comprend plus, mais plus du tout. Ibrahim parle au nom des autres : « Mais nos femmes, elles ne comprennent rien ! Qu'est-ce qu'on peut faire d'autre que leur casser la tête ? — On peut expliquer, raisonner ! — Raisonner les femmes ! » Ils rient : « *Ma fich mokh* (pas de cervelle). — Alors, moi, je n'ai pas de cervelle ? » Les voilà décontenancés. Ibrahim reprend : « Toi, non, tu n'es pas une femme ! »

Ostaz Ali, le jeune maître, est entré pour la leçon. Le silence se fait. Qu'est-ce que je suis donc ? Ni du genre masculin ni du genre féminin... Il ne me reste que le neutre !

La poupée

Des amis m'ont donné un beau billet. Comment l'utiliser au maximum pour nos petits chiffonniers ? Si je leur achetais une poupée ? J'ai souvent vu l'épanouissement qu'elle procure à la future petite maman qui la berce dans ses bras. Je pourrai aussi lui faire des habits qui serviront de modèle pour la leçon de couture.

Me voilà dans un grand magasin, en arrêt devant une ravissante poupée qui chante. Je pense à la Cosette de Victor Hugo serrant soudain dans ses bras ce cadeau merveilleux. Quelle joie aussi pour mes chères petites chiffonnières qui n'ont jamais de leur vie joué avec une poupée. Mais il ne faut pas la laisser avec ses habits de princesse. Je l'habille à la mode des filles de la Haute-Égypte, cotonnade claire et robe longue, et je l'emmène à travers les ruelles : elle suscite un intérêt passionné, la nouvelle se propage de bidonville en bidonville, hommes, femmes, enfants, tous accourent pour voir une poupée qui parle. Nous l'avons dénommée Sabrine. Je promets solennellement que tous les enfants qui viendront régulièrement pourront jouer avec elle.

Sabrine est devenue comme une personne vivante, amie de tous. « Regarde comme Sabrine est propre et bien coiffée, tu ne veux pas être jolie comme elle ? » Et vite, on sort son petit peigne pour ressembler à Sabrine. Romani, un bonhomme de sept ans, lui donne un baiser retentissant sur chaque joue et s'écrie : « Moi, je vais me marier avec Sabrine ! » Ensuite, chaque enfant la berce avec extase dans ses bras. La pauvre chérie a tellement chanté que son disque s'est enroué. Sabrine est malade, disent les enfants avec compassion, nous allons la montrer au docteur ; chut, laissons-la dormir, pas de bruit. On parle bas, on marche sur la pointe des pieds : c'est le premier miracle de Sabrine !

L'argent n'est pas tout

Eshak, le jeune moniteur, est un charmant garçon. Il est très vite devenu l'ami des chiffonniers. Quant aux petits du jardin d'enfants, ô miracle, ils ne bougent pas quand il leur explique une leçon. Il a cependant un grave défaut : aucun sens de l'exactitude. J'ai beau lui répéter : « Eshak, nous commençons la classe à 9 heures. » Peine perdue, notre ami s'amène à 9 h 30, 10 heures, 10 h 30. Seulement, le lundi il est exact ; la raison ? C'est bien simple, au sortir de la messe je passe chez lui le réveiller et nous partons ensemble chez les chiffonniers.

Enfin, prenons patience, il attend son poste, que lui fixera le gouvernement, et il est soutien de famille. Son père est mort quand il avait quatre ans, sa mère était enceinte. L'enfant naquit cependant vigoureux, mais à douze ans il a été soudain saisi d'une mystérieuse maladie. Le voyant gravir à quatre pattes l'escalier, sa mère s'écrie, mécontente : « Enfin, Ibrahim, marche convenablement. — Mais, maman je ne peux pas me tenir debout sur mes jambes., »

On a vendu la moitié de la petite maison pour payer les frais d'hôpital : en vain, il n'a plus jamais marché. Eshak adore son frère, il le promène dans sa petite voiture ; de temps en temps il l'emmène à un lointain cinéma et revient à bout de forces la nuit à la maison. Le lendemain il arrivera naturellement en retard, mais comment lui en vouloir ?

En janvier, sa mère part en Haute-Égypte pour un petit héritage. « Je prends l'argent de la maison pour le voyage, le voisin nous doit quelques livres, vous aurez assez jusqu'à la fin du mois. » Elle s'en va tranquille. Mais l'honnête voisin disparaît soudain. Eshak et Ibrahim se trouvent dans une passe difficile. Je vois arriver notre jeune moniteur l'air triste et préocuppé. A force de questions, il finit par m'avouer la vérité.

« Alors, Eshak, c'est comme ça que vous ne me racontez pas vos difficultés ? Est-ce que je ne peux pas remplacer votre maman en voyage ? Je vais vous prêter ce dont vous avez besoin. Vous me le rendrez plus tard, c'est simple. » Heureux d'apporter un bon repas à son frère, Eshak est reparti.

En mars s'ouvre l'exposition internationale. Grâce à sa connaissance du français, Eshak y avait été employé durant un mois l'an dernier et très bien payé.

« L'exposition approche, mon ami, je vais essayer de m'arranger sans vous. — Jamais de la vie, je ne vous quitte pas. — Mais enfin, Eshak, soyez raisonnable. Vous gagnerez 10 livres en plus, c'est une belle somme. Vous pourrez, comme l'an dernier, acheter de jolis cadeaux à Ibrahim. — Mais c'est Ibrahim, ma Sœur, qui ne veut pas. Il m'a dit : l'argent n'est pas tout, Eshak, la Sœur nous a rendu service il y a quelques mois. Tu ne dois pas la laisser tomber. » J'ai eu beau insister, il me redisait avec insistance : « L'argent n'est pas tout, ma Sœur, l'argent n'est pas tout ! » Et croyez-le si vous voulez, il a été un peu plus exact ce mois-là !

C'est ma mère

Eshak a fait le rêve d'aller en France. Le père M. lui a trouvé un poste d'animateur de vacances, car il a un don pour les enfants. Il doit seulement payer son voyage. Nous décidons ensemble de mettre chaque mois un peu de son argent de côté. Je le lui garderai pour qu'il ne s'en aille pas en fumée... de cigarettes. Il ne vit plus que pour cette aventure, dans la fièvre prépare ses papiers.

Je le vois arriver la mine défaite, jaune comme un citron. Il me jette d'une voix d'outre-tombe « J'ai voulu me jeter dans le Nil. — ? — Mais quand je me suis penché sur l'eau pour m'y précipiter, elle m'a paru trop boueuse. Alors, j'y ai renoncé. — Vous avez eu raison... mais pourquoi tout ce drame ? »

La gorge serrée, il me raconte : « Tout marchait sur des roulettes, formalités de la colonie, passeport, etc. J'étais heureux, heureux ! Tout à coup, au moment de prendre mon billet, un employé me lance : "Déposez d'abord 50 livres à la banque, sans ce reçu, pas de billet." Ça m'a fait l'effet d'une bombe ! Tout s'écroulait ! Alors, comme un somnambule, je suis parti du côté du Nil. »

Je le regarde, il paraît si désespéré qu'il me fait pitié. « Voyons, du calme. Ces 50 livres, la banque vous les rend au retour ? — Oui, bien sûr, mais je ne les trouverai jamais. — Au lieu de vous précipiter dans le Nil, vous auriez mieux fait de vous précipiter ici. » Il relève la tête, avec une lueur d'espoir dans ses yeux sombres.

« Maintenant, cherchons ensemble qui pourra vous aider. A plusieurs, nous finirons bien par vous prêter 50 livres. » Un soupir de soulagement, un sourire qui commence à briller comme l'arc dans la nuée.

Nous sommes sur le point d'aboutir ; soudain, crac, je vois notre Eshak qui m'arrive en peau de citron et cheveux en broussaille. Qu'est-ce qui est encore arrivé à cet hypersensible ? Il fume en silence et soudain donne un coup de poing sur la table. « Je partirai. — Vous partirez, Eshak, vous partirez, mais ici tout est fragile. Cette pauvre table n'a pas l'intention de vous en empêcher. — La mère ne me laisse plus partir. — Pourquoi ? — Parce qu'un prétendu ordre du gouvernement est venu disant que tous les diplômés de ma promotion vont débuter dans leur emploi cet été. — Et alors, si vous êtes en France ? — Ma mère dit que je perdrai mon emploi. — Ça doit être exact, Eshak. — Non, et puis je m'en fiche, je veux partir. Tout est prêt, je me passe de sa permission ! »

Il est si exaspéré qu'il paraît sage de ne rien lui répondre. « Oui, je partirai en France, ou je partirai en Libye, ou je me jetterai sous un train. » Il allume une deuxième cigarette : « Mais je ne resterai pas ici à me morfondre. » Je lui demande doucement : « Vous attendiez avec tant d'impatience ce poste du gouvernement. Pourquoi, maintenant, le laisser échapper ? » Il hausse les épaules, écrase sa cigarette et sort.

Bientôt après, sa mère arrive, très agitée : « Vous avez vu Eshak ? Il n'est pas rentré de la nuit ! — Oui, il sort d'ici. » Elle soupire, soulagée. « Quelle folie ! Il veut perdre sa place ! Que deviendrons-nous, il est notre seul soutien, à Ibrahim et à moi. » Elle retient ses larmes. « Patience, Eshak a du cœur, il finira par entendre raison. »

Le lendemain, il arrive, l'éternelle cigarette aux lèvres : « C'est décidé, je reste. — Bravo, mon ami. — Oui, je me suis dit : ta mère est restée veuve, elle t'a élevé seule depuis l'âge de quatre ans. » Il écrase son mégot dans le cendrier. « Oui, c'est ma mère, je ne peux pas la briser. »

Un mois après, Eshak prenait son poste de secrétaire d'université. Il vient me voir le soir, fier comme Artaban : « C'est moi qui inscris les étudiants. Et on m'a déjà dit que je pourrai avoir des heures supplémentaires. Un jour, je vais acheter une télévision à Ibrahim. — Votre mère est contente ? — Ah ! oui, je veux qu'elle soit heureuse, c'est ma mère ! » Et il rit de toutes ses dents, jaunies par le tabac.

3
au-dessus des barrières

Comment apprendre à s'aimer ?

Dès mon arrivée chez les chiffonniers, ce qui m'a frappée, c'est une séparation parfois farouche entre les religions. Je prenais une petite fille pour m'accompagner les premiers jours et expliquer aux gens ce que j'allais faire pour les enfants. Je la voyais me tirer par la jupe : « Non, ne va pas là, c'est inutile, il n'y a personne. — Comment, tu ne vois pas ces enfants là-bas ? » Et je m'avançais. J'ai fini par comprendre. Si la gosse qui me servait de guide était chrétienne, elle essayait de m'empêcher d'entrer chez les musulmans. Et naturellement le même phénomène s'accomplissait en sens inverse si une petite musulmane m'accompagnait.

Un travail important de rapprochement doit donc être entrepris ; il ne faut pas manquer une occasion.

Pendant la leçon de religion, j'ai seulement les chrétiennes : nos petites musulmanes, assises au-dehors, écoutent une belle histoire à portée morale.

J'interpelle Maryam spécialement fanatique et qui m'a plusieurs fois assuré que seuls les chrétiens sont bons.

« Est-ce que Fatma est gentille ? — Ah oui. — Elle ne dit pas d'injures, ne bat pas les autres ? — Non. — Fatma est musulmane ? — Oui. — Alors, tu trouves que tous les musulmans sont méchants ? » Elle ne répond pas.

La semaine sainte approche. Je leur explique que Jésus a aimé tous les hommes et est mort pour les sauver tous. Elles sont d'accord. J'enchaîne un syllogisme : « Est-ce que les musulmans sont des hommes ? — Bien sûr. — Est-ce que

Jésus aime tous les hommes ? — Oui. — Alors, Jésus aime aussi les musulmans. »

Cette fois je les sens ébranlées.

« Et si Jésus les aime, nous ne devons pas les aimer aussi ? » On finit par se laisser convaincre. Le lendemain, j'ai préparé des petites croix à leur donner et, pour éviter le désordre, je les appelle une à une.

« Dis-moi qui tu aimes ? — J'aime les bonbons, maman, Mar Guirguis (saint Georges), le Bon Dieu et papa. — C'est tout ? — Non, j'aime aussi mes petites sœurs et Sabrine (la poupée). — C'est tout ? »

La petite voit que j'attends sa réponse pour lui donner la croix. Elle réfléchit intensément. Soudain, elle s'écrie : « J'aime aussi les musulmans. — Bravo ! » Elle s'en va, triomphante, son trésor à la main.

Nos autres coquines de filles écoutaient à la porte. La première qui arrive enchaîne : « J'aime les musulmans, les bonbons, maman, *El 'Adra* (la Vierge), le Bon Dieu et les fouls (les fèves). »

Chacune a reçu sa croix et est partie heureuse. Je me moque de moi-même et de mes méthodes de persuasion vraiment trop primitives. Mais il me semble que surtout le fait de voir que je les aime toutes comme des enfants très chères commence à les rapprocher. N'est-ce pas autour du même regard d'amour d'une mère que les frères et sœurs apprennent à s'aimer ?

Les pieds des missionnaires

Un soir, je me rends dans une église copte-catholique pour la messe. Je tombe sur le curé : « Ah ! la Sœur des chiffonniers. J'ai un prédicateur ce soir, ne voulez-vous pas aussi parler ? L'église sera pleine. — Mon arabe n'est pas très classique ! — Bah ! qu'est-ce que ça fait. Parlez de vos gens, ça fera du bien à tout le monde. »

Me voilà debout devant l'iconostase, les douze apôtres dans le dos : c'est de bon augure. J'explique en bafouillant parfois, mais on a l'air de comprendre qu'un chiffonnier a autant de valeur devant Dieu qu'un président de la République (je n'ose pas dire : parfois même plus, j'aurais l'air de vouloir renverser l'État). On lui jette parfois sa poubelle sans même le regarder et basta ! Malheureusement aussi, comme la plupart des hommes qui ont quitté leur village natal, ils ont abandonné en même temps toute pratique religieuse. Et les voilà maintenant comme des brebis sans pasteur.

Après la cérémonie, quelques personnes m'entourent sur le parvis. « On est prêt à aller les voir, ma Sœur, on leur lira l'évangile et on chantera des *terâtels* (cantiques que nos chrétiens chantent à tue-tête avec une joie sans pareille). — Bien, mais ce sont des orthodoxes, des brebis de « Baba Chenouda », ne les catholisez pas. — Bien sûr ! » On prend jour et heure. Et en avant ! Comme c'est beau de marcher vers ses frères, même si on patauge dans la boue des chemins !

Nos chiffonniers se disputent la joie de recevoir dans leur cour les nouveaux missionnaires. On chasse les cochons plus loin, on accroche une lampe à pétrole à un clou, et l'on se presse en rangs serrés autour des apôtres, assis sur un vieux bidon retourné, les pieds sur le sol souillé. On écoute en silence, on hurle en chantant, on prie en répétant ; l'animateur est rayonnant, un souffle de Dieu a passé dans la nuit. Je vais de groupe en groupe, j'entends nos chiffonniers, le visage épanoui, me dire : « Ah ! ce soir, on a la baraka. »

Ceux qui étaient venus apporter un peu d'amour et de joie sont repartis, emportant, collés à leur semelles, quelques relents de porcherie ; et pourtant leurs souliers qui glissaient, légers, sur la route, semblaient avoir des ailes... oui, ils sont beaux, les pieds des missionnaires !

Baba Chenouda

Le patriarche copte orthodoxe ! J'ai pour lui la même vénération que pour Athénagoras qui me recevait avec tant d'affectueuse cordialité quand j'étais à Istanbul et que je lui amenais mes élèves. C'est, lui aussi, un homme de Dieu. Brillant professeur après de sérieuses études universitaires et théologiques, il attire à lui par centaines les jeunes. Puis il disparaît soudain. Où donc est-il parti ? En Europe ? en Amérique ? comme tant d'autres cerveaux attirés par le dollar et ses plaisirs ? Non, ce n'est pas son genre.

Un bruit court. Il s'est enfermé au désert, dans le monastère orthodoxe le plus sévère. Il y reste des années, jeûnant, priant, méditant. Mais comment laisser sous le boisseau une pareille lumière? Un envoyé du patriarche Kyrillos traverse un jour les sables et vient frapper à la porte du monastère. L'ordre est formel, il faut partir, quitter la cellule en terre battue, sa natte et son silence, et retomber dans le tumulte de la ville. Le voilà, bien malgré lui, sacré évêque. Mais chaque fois qu'il le peut il s'enfuit vers le cher monastère pour chercher dans le silence le Visage de Dieu, « l'Au-Delà de tout », comme l'appelle Grégoire de Nazianze.

Les forces de Kyrillos commencent à décliner. Je suis venue au Caire avec mes élèves d'Alexandrie ; elles veulent à tout prix voir leur patriarche.

Nous partons à sa résidence. Un évêque s'avance vers nous en souriant. Nos filles se précipitent pour lui baiser la main. C'est Amba Chenouda, me chuchotent-elles. « On veut voir Baba Kyrillos. — Il reçoit peu de monde pour le moment. » Je m'approche et me sens tout de suite en amitié. « Allons, je vais essayer de téléphoner pour vous faire plaisir. » C'était mon premier contact avec le futur patriarche : il nous a obtenu l'audience.

Baba Kyrillos est visiblement fatigué, mais heureux de poser sa main sur toutes ces jeunes têtes si contentes de le voir. Il me bénit aussi longuement. Trois mois après, ce bon serviteur allait retrouver son Maître.

Les millions de coptes orthodoxes sont en attente : qui va être leur nouveau patriarche ? Les électeurs comportent les délégués des laïcs en plus de ceux du clergé. Trois noms doivent être retenus ; ensuite, comme dans la primitive Église, on va s'en remettre à l'Esprit Saint. Au milieu de la solennelle liturgie de la messe, dans l'immense basilique de la Morkoseya, le peuple réuni en nombre implore le Seigneur : « *Kyrie eleison, ya Rab erham !* »

Les trois noms écrits en grands caractères sont montrés à

l'assemblée et déposés dans une cassette au milieu de l'autel. L'un des trois est celui de l'évêque « Amba Chenouda ».

Soudain, un enfant de cinq ans gravit à pas menus les degrés de l'autel. Le célébrant se penche vers lui, ouvre la cassette et la lui présente. La petite main potelée saisit un des papiers. L'assemblée suspend son souffle. Le nom choisi par ce bambin innocent sera l'élu du Seigneur : le nom de « Chenouda » éclate tout à coup sous la voûte. Le peuple est transporté de joie. Il aura un saint pape.

Le jour de la consécration est arrivé. J'ai une carte d'invitation pour 9 heures. Un ami bien informé me prévient : « Venez à 7 heures sinon, impossible d'entrer. » Une foule immense déborde déjà devant les portes, maintenue par des centaines d'agents de police en uniforme. Pas trop grosse, heureusement, j'arrive à trouver place dans la cohue. Soudain, un remous me jette par miracle devant la première porte. Ouf, me voilà dans la cour, saine et sauve. C'est un premier succès. Courage, poussée à droite, bousculée à gauche, comprimée par-devant, bourrée de coups par derrière, j'avance à travers tout.

Autre opération délicate : gravir l'escalier marche par marche ; ça se produit par saccades successives, il ne reste plus qu'un dernier obstacle : la porte de l'église fermée et obstruée par quatre hommes et un caporal ; c'est déjà plein dedans, on ne peut tout de même pas risquer d'étouffer le nouvel élu en pleine cérémonie. Je remarque cependant qu'un gros religieux devant moi a brandi sa carte et que la police, impressionnée par l'ampleur de son habit, l'extrait *manu militari* de la foule et en un tour de main de prestidigitateur le fait disparaître à l'intérieur.

Je me mets sur la pointe des pieds et je hausse mon voile au-dessus des têtes en brandissant ma carte. Ça a fait son effet, visiblement ; les quatre hommes essayent de m'atteindre pour m'extraire à mon tour. Le mieux serait de m'envoyer une corde qui me hisserait au-dessus de cette marée ondoyante. On ne pense pas à tout. Mais le caporal, sorte d'Hercule sans doute choisi aujourd'hui pour ses biceps redoutables, fonce soudain à travers les poitrines ; les gens hurlent, je ne veux pas être responsable de mort d'hommes sur le parvis de l'église ! Enfin il me saisit comme une proie et me jette par l'interstice un instant entrouvert. Je retombe sur mes pieds, je n'ai rien de cassé.

Les hommes sont à gauche, les femmes à droite, comme dans les églises orthodoxes. Sans doute pour éviter les distractions. Je me glisse derrière les longs voiles noirs des religieuses orthodoxes. Elles me disent être là depuis 5 heures du matin. Ces filles de Dieu, sorties pour la circonstance de leur rigoureuse clôture, ne pourraient risquer d'être cahotées dans une cohue aussi hétéroclite. La foule est tumultueuse et agitée. Mais soudain, dans un silence absolu, l'imposante liturgie de la messe copte commence, entrecoupée de prières qui appellent sur le nouvel élu la force de Dieu. Le moment de l'imposition de la tiare est arrivé. J'observe Baba Chenouda. Il est plongé dans une prière profonde ; visiblement ce moine, les yeux fermés, tient son être tout entier concentré sous la main de Dieu.

Les épaules retombent légèrement, la tête s'incline, une ombre passe sur ce visage grave qui revêt l'expression d'un homme soudain accablé par une trop lourde charge. La tiare repose sur lui. Il est devenu responsable devant Dieu et devant les hommes des millions de coptes orthodoxes. L'assemblée s'est levée, frémissante, les acclamations de joie éclatent comme un tonnerre, des femmes pleurent en silence.

Baba Chenouda regarde maintenant son peuple. Ses yeux ont pris une expression nouvelle : voilés d'une ombre de tristesse, ils paraissent brûlants d'un immense amour.

Tout est fini, la nef se vide peu à peu. Mais une partie de la foule reste massée autour de moi. J'interroge. « Il va passer par cette porte, nous voulons à tout prix lui baiser la main. » Attendons. Un remous du côté du chœur. Baba Chenouda, précédé de solides gaillards, avance. Mais qui arrêtera une foule qui veut embrasser son patriarche ? La garde est enfoncée, un prélat qui veut défendre son pape est renversé ; au milieu de cris de triomphe, dans une indescriptible cohue, la foule pousse, presse, comprime de tous côtés son nouveau pape. Il va être étouffé, ça c'est sûr ! La terre reste impuissante à le sauver, il faut appeler le ciel : au secours, tous les saints coptes du paradis, au secours de Chenouda III !

Soudain, une escouade en chair et en os surgit de la porte qui s'ouvre en craquant : les moyens frappants sont les meilleurs, coups à droite, coups à gauche, les sauveteurs foncent et ouvrent un passage ; en un clin d'œil ils font disparaître la victime derrière la porte, qui se referme en grinçant. Sans se décourager, la foule s'attaque maintenant au bois : la malheureuse porte a trop souffert, dans un gémissement elle s'effondre. En triomphe, nos gens s'engouffrent à la poursuite de leur pape. Trop tard, il a été subtilisé et a soudain disparu à tous les regards. Je vois alors ce peuple bon enfant se mettre à rire : on leur a joué un bon tour. Mais tout n'est pas perdu : on lui baisera la main à la prochaine occasion.

Je pense à Paul VI à Jérusalem : il a failli, lui aussi, être étouffé par la foule. L'Oriental veut toucher : « Si je touche seulement la frange de son manteau... », disait déjà la femme de l'Évangile...

Lequel des trois devait mourir ?

La jeune doctoresse Mimi examine avec sa dextérité habi tuelle les malades qui se succèdent. Depuis le matin je me sens fiévreuse et mal à l'aise. Mimi a vite fait de s'en apercevoir, m'examine et, péremptoire, ordonne : « Vous ne pouvez pas rester ici chez les chiffonniers ce soir, ma Sœur. Ça ne va pas. Je ne peux pas encore déceler ce que vous avez, mais vous allez repartir avec moi chez vos Sœurs de Matarcya. » J'hésite à laisser nos amis, mais ma tête brûle et je pourrai guère leur être utile.

Finalement, c'est une paratyphoïde qui me cloue au lit. La fièvre ne baisse pas et mes Sœurs sont inquiètes. Elles veulent de nouveau un docteur. Au moment où il se présente, un ami, médecin aussi, monte les marches de l'escalier et, à ma confusion, ils se trouvent à deux à mon chevet.

Tant de soins compétents me remettent sur pied : je file chez nos chiffonniers. Une nouvelle m'atteint en plein cœur. Mon petit Aouni, six ans, est mort, et deux jours après son frère, quatre ans. Aouni venait chaque matin au jardin d'enfants, éclatant de santé. Bien bâti, fort et joufflu, il était la vie incarnée. Trop plein de vie même, car il ne restait jamais en place et, quand il dérangeait trop les autres, je lui disais : « Retourne un peu chez maman, Aouni, tu reviendras quand tu seras sage. » Il habitait en effet tout près.

Quelle maladie foudroyante l'a-t-elle donc emporté avec son petit frère ? Ils ont eu la rougeole ! Nous l'avons tous plus ou moins attrapée aussi dans notre enfance et nous n'en sommes pas morts ! Mais dans ce sombre taudis comment ont-ils pu être soignés ? Leurs deux sœurs, qui viennent chez moi l'après-midi, me racontent, au milieu de leurs larmes, qu'à la fin on a emporté Aouni chez le docteur... il est mort en route ; l'autre petit, lui, est resté mourir sur place.

Et pendant ce temps-là, ô ironie du sort, j'avais deux médecins à mon chevet... En vérité qui donc aurait dû être soigné ? La vie qui commence ou la vie qui s'achève ? J'ai connu, moi, la vie, ses joies et ses douleurs. J'ai eu une vie passionnante, car elle était elle-même éveilleuse de vie, je pouvais partir vers la maison du Père. Mais ces petits os maintenant dans la terre, qui les fera revivre ? Lequel de nous trois aurait dû mourir ?

La mort des enfants

Comment se résoudre à admettre la souffrance et la mort des enfants ? La révolte bouillonne en soi. Dieu n'est-il pas le Maître de la vie et de la mort ? Où est la solution ? L'absurde de Camus ou de Sartre ? Une balle dans la tête, comme l'a tirée un jour un père fou de douleur ?

Une femme de haute intelligence, qui fut ma supérieure, disait : « Quand vous avez le vertige, prenez la Bible, le livre du savant comme de l'ignorant. »

Job sur son fumier dit à la fosse : « Tu es mon frère », il dit aux vers : « Vous êtes ma mère et ma sœur... je crie vers toi, Seigneur, tu ne réponds pas. Tu es devenu cruel à mon égard... Dieu lui répond : Quelle part as-tu dans les merveilles du monde ? Commandes-tu à l'aurore ?... Job mit sa main sur sa bouche : chétif je suis, j'ai parlé sans intelligence de merveilles qui me dépassent. »

Mon pauvre Job, tu ne résous pas le problème, tu fermes les yeux et tu t'abandonnes. Mais te suivre n'est pas facile. Ouvrons l'Évangile. Sur le chemin, Pierre proclame à Jésus : « Tu es le Fils du Dieu vivant. » Celui-ci lui répond qu'« il doit souffrir... mourir... ressusciter » : mystère de contradictions !

Apocalypse de Jean : sang et mort, crocs de lion et queues de scorpion torturant les hommes, martyrs se lavant dans du sang... c'est sinistre. Tout à coup changement d'orchestre : chants suaves de joueurs de harpe... allégresse et joie... pleurs, cri et peine, mort ont à jamais disparu : Dieu lui même essuie toute larme dans les yeux : « la Jérusalem céleste apparaît, belle comme une épouse parée pour son époux ».

Oui, mais sur terre ? Ces vers sont-ils de Voltaire ? (Je cite de mémoire) :

« On entre, on crie et c'est la vie.
On crie, on sort et c'est la mort.
Un jour de joie, un jour de deuil,
Tout est fini en un clin d'œil. »

Alors, quoi, c'est ça l'homme ?

Ici, dans ce pays de foi, chrétiens et musulmans vous font entendre un autre langage : quand on vous parle de mort, surtout d'un enfant, les visages souvent se lèvent vers le ciel : « *And Rabbèna*, il est chez Dieu. » Les mères elles-mêmes montrent du doigt le bleu toujours limpide. « Il est mieux que sur la terre », murmurent-elles à travers leurs larmes.

Ces femmes au cœur simple traversent d'un vol rapide le voile qui dérobe le mystère : la Parole du Christ sur l'enfantement retentit jusque dans leurs entrailles : elles ont tant de fois, dans la douleur, accouché l'enfant de leur joie. Elles sont sûres que le petit corps raidi entre leurs bras est un ange qui les appelle au bonheur de l'Au-delà.

Pour moi, quand mon cœur vacille devant la douleur humaine, je repense au pari de Pascal : choisir l'hypothèse d'un monde absurde, enfourcher le cheval verdâtre de l'Apocalypse, la mort est en croupe, des corps d'hommes et d'enfants pourrissent sans espoir dans l'abîme ; ou bien s'élancer avec le Christ sur le cheval blanc. Il vous transporte en esprit au milieu d'une foule immense qui chante dans l'allégresse et la joie.

J'ai décidé de parier sur le cheval blanc : c'est ma couleur préférée.

Marie-Paule

C'est un lundi, il est 6 h 30 du matin. La messe commence dans la paisible chapelle des carmélites. On les voit, revêtues de blanc, assises sur leur petit tabouret. L'une d'elles s'approche de la grille et lit d'une voix assurée un passage du prophète Isaïe : « Le pays aride, qu'il exulte et fleurisse, qu'il se couvre de fleurs des champs, qu'il exulte et crie de joie. »

Les mains ouvertes, j'offre mon bidonville au Seigneur ; qui viendra m'aider pour qu'il exulte et fleurisse ? La prieure que je vois de temps à autre m'interroge toujours avec intérêt, je sais que derrière ces grilles de saintes filles, ouvertes sur le monde et ses problèmes, interpellent le Seigneur. Arriveront-elles, comme le prophète Elie sur le mont Carmel, à faire tomber la pluie pour faire fleurir la steppe, avec nos chiffonniers au milieu ?

Quelqu'un s'approche : « Marie-Paule vous attend. — ? — La jeune fille qui habite à côté, au Graal. » Le « Graal » est une institution répandue à travers le monde. Son nom me rappelle la légende de Parsifal, le chevalier du Moyen Age parti à la recherche du Graal, le mystérieux calice qui aurait recueilli le sang du Christ. Je ne suis pas très au courant, mais je suppose que ces nouveaux Parsifal partent, en modernes chevaliers, à travers les continents pour faire déborder sur leurs frères les trésors de leur intelligence et de leur cœur... c'est plutôt sympathique, avec un brin de mystère pour les non-initiés comme moi.

Allons à la recherche de notre Parsifal du XXe siècle. Je me trouve devant une charmante jeune fille en pantalon qui me dit à brûle-pourpoint : « Ça m'intéresse, les chiffonniers. Je peux aller les voir ? — Bien sûr, j'y pars pour la semaine. » Sac au dos, nous sautons dans le train et en marche à travers... la steppe. Arrivée devant ma ruelle chargée d'ordures et grouillante d'enfants en haillons, Marie-Paule s'écrie. « Ça, c'est mon rêve. Je peux y rester avec vous ? — Ahlène ou sahlène, famille et facilité ! » On entre dans ma cabane : « Il y a juste la place pour deux petits bancs à côté de votre lit, ma Sœur. — D'accord. » Puces, cafards, araignées, rats, rien ne l'arrête. Nous dormons paisiblement côte à côte.

Elle est bientôt très aimée dans le bidonville et elle passe ainsi plusieurs mois, m'aidant le matin au jardin d'enfants et l'après-midi avec les filles. Elle profite le soir des leçons d'alphabétisation du jeune professeur Ali, ravi d'avoir au milieu de ses rudes élèves cette fleurette d'un nouveau genre.

Elle a fait des études de puéricultrice et s'intéresse aux bébés, spécialement à ceux de Fauzeya : « Echref et Sobhi, *taallou hena*, venez ici. » Ce sont des cris et des rires, les fleurs de joie poussent dans la steppe.

« Mon premier but, c'est simplement de partager, de vivre avec eux, comme eux. » Elle a aussi des amies qui l'invitent dans l'un ou l'autre des confortables appartements du beau Caire. Mais elle revient chaque fois partager notre bidonville, avec le même sourire.

Un jour cependant, je la trouve changée ; elle voit tout en noir, on n'arrive à rien, à quoi sert de les envoyer à l'école, ils ne veulent pas étudier. Comme elle m'aide à faire le grand ménage, elle me fait remarquer : « Ça ne sert à rien, dans deux jours tout sera aussi sale. » Que se passe-t-il ? Il se passe que bientôt elle était obligée de s'arrêter : fièvre de cheval, hémorragies, le tube digestif sens dessus dessous.

Le docteur, inquiet, exige le transport à la clinique et les analyses. On lui découvre des amibes. Je vais la voir. La chambre est ornée de fleurs et de ballons multicolores. « Regardez comme on a été gentil au Graal pour mon anniversaire ! » Elle est de nouveau rayonnante et ajoute : « Dès que je serai bien, je partagerai à nouveau la vie des chiffonniers. »

Tu es courageuse, Marie-Paule, tu as été jusqu'au bout du partage, trop loin même. Je t'avais demandé de n'accepter que le verre de thé bouilli, mais tu as voulu prendre part aussi à la même assiette... Les jeunes ne connaissent pas la prudence, pour eux l'amour ne craint pas la mort. Qui nous donnera un cœur de jeune ?

Elle est tranquillement revenue parmi nous. La guerre éclate avec ses lendemains peu sûrs. Le consulat insiste pour qu'elle retourne en France. Ses amis la pressent de partir. Enfin, elle prend son billet. Elle vient me voir : « Qu'en dites-vous ? C'est pas chic de s'en aller quand il y a du danger, je voudrais le partager, mais mes parents sont affolés ! » Une dernière fois elle est venue au bidonville. Je ne l'avais jamais vue pleurer, mais devant la désolation de Fauzeya et de ses enfants, elle n'a pu retenir ses larmes.

Elle m'avait toujours dit que Dieu et la religion ne l'intéressaient pas. Soudain une lettre m'arrive, elle y cite saint Jean : « Bien-aimés, aimons-nous les uns les autres, puisque l'amour est de Dieu... » Elle ajoute simplement : « Je suis heureuse. »

Les hommes de bonne volonté ne suivent-ils pas deux voies qui, finalement, convergent ? L'une mène du regard extasié vers Dieu au regard rechargé de tendresse vers l'homme. L'autre se tourne vers ses frères et découvre un jour le Père qui est au ciel. Le regard d'aigle de Jean qui a percé les nues lui a fait ajouter, à ce que m'écrit Marie-Paule : « Quiconque aime est né de Dieu. »

4
partage

Pulex irritans

J'ai consulté de doctes livres d'entomologie pour chercher des renseignements précis sur une des plus petites bêtes qui soient : la puce. C'est qu'elle paraît avoir, je ne sais pourquoi, une particulière affection pour les chiffonniers et la chiffonnière que je suis. Le dernier bouquin que j'ai eu entre les mains et que je pouvais à peine soulever, tant était gros son volume, donne cette définition précise :

« Insecte aptère, coureur ou sauteur (on s'en aperçoit), vivant sur le corps de l'homme (hélas !) et d'un grand nombre d'animaux. » J'apprends ensuite que ses œufs sont gris perle (ô poésie), qu'il en sort une larve pourvue d'organes de mastication (étonnant !), laquelle larve se tisse un cocon (l'eusses-tu cru ?) et qu'enfin, après vingt jours, en sort l'insecte « parfait »... Je vois mon entomologiste se pencher avec amour sur cet animal perfectionné et noter ensuite avec un intérêt visible :

« La jeune puce peut jeûner de une à deux semaines (le cœur se sent pris de pitié) attendant le moment favorable pour faire sa provision de sang. » (Comprenez qu'après un tel jeûne tout doit lui être permis.) Viennent ensuite les noms de cet animal devenu sanguinaire comme par nécessité, parmi lesquels je note : *Pulex irritans*, nous y sommes ! Notre bon auteur nous renvoie ensuite à l'article « Peste », car visiblement il ne veut pas charger de trop de crimes un insecte aussi intéressant, il note seulement en passant qu'il peut transmettre aussi la « suette miliaire » et le « dipylidium caninum... »

Enfin il donne un conseil d'ami à qui serait effrayé par ces mots barbares : « Là où les puces abondent, il suffit de s'envelopper dans une couverture de cheval ayant longtemps servi... »

Si encore il avait dit : une couverture de porc, j'aurais pu m'arranger sur place, mais vers quel cheval vais-je donc courir ?

J'en étais là de mes recherches, lorsque je tombe en arrêt sur une annonce dans une vieille revue : « Collier de chien contre les puces. Garantie trois mois. » Enfin, me voilà sauvée ! Enchantée de ma trouvaille, j'en parle autour de moi : « Il ne manquait plus que ça ! N'oubliez surtout pas la plaque avec votre nom dessus. » Raillerie ou non, je le porterai comme ceinture. Je dois précisément partir en voyage pour récolter des sous pour nos chiffonniers, je vais m'enquérir à Paris de cet objet important.

Là-dessus, un ami arrive triomphant et me lance :

« J'ai découpé une annonce dans un journal : un Hollandais demande des puces vivantes, il offre une livre par tête. Vous êtes sûre d'avance du succès de votre voyage. Emportez-en une bonne provision. »

Ya salâm ! dans ma valise ? Comment ? Elles vont se sauver et après vingt jours et une ou deux semaines de jeûne, leur progéniture va me servir de carte de visite ! Mais je note sur mon carnet de voyage : Paris, collier de chien. Enfin, m'y voilà ; de magasin en magasin, je tombe au bazar de l'Hôtel de Ville : « Au sous-sol, ma Sœur. » La vendeuse me fait l'article : « C'est pratique et garanti. » Elle connaît même quelqu'un qui l'a utilisé (quelque chose comme le fils du cousin de sa belle-sœur) et qui en a été très content. Je suis convaincue. « A combien ? — 35 francs. » Ce chiffre me jette un froid : 3 livres 1/2 chez nos chiffonniers, c'est la nourriture d'une famille pendant plusieurs semaines. Je pars, rêveuse : non, vraiment, ai-je le droit de me payer ce luxe ? On est chiffonnière ou on ne l'est pas ! alors, quoi, il faut reconnaître son identité. Je sors du bazar de l'Hôtel de Ville avec un petit rire intérieur : « On partage tout avec ses amis, et donc aussi la *pulex irritans*. »

Les vers blancs

Il a plu, une de ces grosses pluies d'hiver qui transforment nos ruelles en cloaques où l'on enfonce dans la boue jusqu'aux chevilles. La plupart des enfants ne viennent pas. Quelques filles pourtant se présentent l'après-midi, crottées et rieuses. Sabrine, notre merveilleuse poupée, s'offre en récompense à tant de courage. Elle passe, ne disons pas de main en main, mais de cœur en cœur, car chacune la serre avec ardeur sur sa poitrine et la couvre ensuite de tendres baisers.

On m'appelle pour un enfant malade. Mes petites filles sont inquiètes « *Ableti*, grande sœur, tu vas glisser dans la boue. — Mais non, vous allez m'aider. » Elles me saisissent par la main et en avant.

Au retour, en rentrant dans ma cabane, je vois avec effroi des cohortes de vers blancs qui se tortillent sur le sol : ils se glissent de toutes parts, sous la planche qui sert de mur et se trémoussent en chœur ! D'où viennent-ils ? Je sors et les vois grouiller par milliers sur le tas d'ordures jetées devant la porte. Sans doute la pluie leur a rendu vigueur et ils vont faire une promenade de reconnaissance : les éclaireurs sont déjà chez moi.

J'essaye d'arrêter le flot de mes visiteurs : poudre de DTT, eau bouillante, pétrole ; ils paraissent se porter comme rats en gouttière et se tortillent en me narguant. J'ai perdu la bataille et je commence à perdre cœur : la nuit, s'ils grimpent sur mon lit et m'assaillent ?

J'appelle mon ami Labib. Il entre, les regarde et me regarde à mon tour. Il me dit ensuite avec une tranquille philosophie :

« Pourquoi as-tu peur ? Est-ce que ce ne sont pas ces vers blancs qui seront avec nous quand nous serons sous terre ? »

Je suis restée bouche bée... Qui, savant ou philosophe, aurait pu me donner une pareille réponse ?

Je me suis couchée en me disant : « Il a raison, un peu plus tôt, un peu plus tard ! » Mais aucun d'eux ne s'est promené la nuit sur ma peau. Le lendemain, le soleil brillait, la cohorte était partie comme elle était venue. A quand le prochain tour ?

Les rats

L'animal, qui chez nous, se trouve le mieux dans son élément naturel et prolifère en vitesse, c'est le rat. Il est presque devenu un animal domestique : confortablement niché dans quelque chiffon sous le lit, vous le voyez sans cesse poindre le nez, passer entre vos jambes, et vous laisser en dernier spectacle l'image de son long tortillard de queue. Ses yeux vifs ont vite fait de déceler l'eau de la casserole laissée par terre, il trotte vers elle, aspire avec délices le breuvage et disparaît pour en laisser un peu à l'amateur suivant, homme ou bête.

Les premiers temps, je tressaillais chaque fois à son apparition, au grand amusement de nos chiffonniers. « Mais enfin, leur demandai-je, il ne vous mord jamais ? — Bien sûr, tiens, regarde le nez de Chehta ! » Les dents acérées ont laissé leur empreinte.

Quelque temps après je soigne le doigt de Ramadan aux deux trous pointus : la bête devait être de taille. Je pense à la peste bubonique. « Va chez le docteur tout de suite, Ramadan, tu sais qu'il ne vient que vendredi et nous sommes lundi. — Pour un rat ? » Il hausse les épaules. Son doigt s'est guéri, il n'a pas attrapé la peste.

Om Mervat (la mère de Mervat) m'avoue que ce qui la gêne la nuit, c'est quand les rats se promènent sur son visage. Naïvement je lui propose : « Pourquoi n'as-tu pas un chat ? » Elle éclate de rire. « Ici, ce sont les rats qui mordent les chats ; tu ne vois pas comme ils sont gros et gras ? » Je me vois désarmée de nouveau : le problème le plus facile apparemment finit par se montrer insoluble.

Comme je ne suis pas munie de la même endurance, je n'arrive pas à m'habituer à leurs visites. Je bouche avec application les trous qu'ils font sans cesse dans le sol de la cabane. Un expert en la question me conseille d'y mettre des petits morceaux de verre : cela décourage leur ardeur, paraît-il. Justement, le verre de ma lampe à pétrole s'est cassé une fois de plus et je n'ai pas encore jeté les morceaux : allons, c'est ma chance. Je confectionne avec soin de petits sandwichs avec de la mort aux rats, les précipite dans tous les trous et bouche avec du ciment et du verre. En vérité, j'ai eu la paix quelque temps. Mais un matin, je vois avec effroi une crotte dans mon drap. Ça y est, nous avons passé la nuit ensemble. Je me précipite sous le lit : un long tunnel ouvert s'enfonce je ne sais où. Mais j'ai maintenant la recette d'un expert, qui a cassé sa lampe : sandwich, ciment, verre, allons-y, mes petits amis. Nos chiffonniers me regardent malicieusement du coin de l'œil : « Ne te fatigue pas trop, tu sais, les rats, c'est plus malin que toi, ils reviendront te visiter par une autre route. » Nous rions ensemble.

La nuit suivante, à la lucarne de ma cabane, je vois un rat qui me nargue à travers les barreaux, l'air de me dire : « A bientôt ! » Je lance un coup de poing sur le mur, il disparaît en vitesse... O flegme de mes amis chiffonniers, où es-tu ?

Ça fait partie de l'Incarnation

L'autobus avance lentement. Un arrêt. Une foule attend sur le trottoir. Les hommes montent à l'assaut, c'est la compression des sardines en boîte. Comme le héron, on s'appuie sur un pied, l'autre ne trouve pas de sol ferme et vacille. Des effluves s'échappent de toute cette chair moite. Tiens, en première classe, quelqu'un se lève, il était assis près de la fenêtre : merveille. « Sœur Ghislaine, vite, allez vous asseoir. » Elle ne bouge pas — la place est prise.

Attention, il va falloir descendre, c'est une autre opération : « *' An iznak*. Avec ta permission. » Pousse à droite, pousse à gauche, passe sous le bras du soldat, faufile-toi entre les cent kilos d'une matrone et le poids lourd d'un boxeur, essaye d'en sortir vivante. *Khallas !* sauvée, nous reprenons notre souffle. Les poumons, ballons compressés, se regonflent. Nous marchons dans la rue, quelle joie de vivre.

« Bonjour, ma Sœur. » Une bambine de cinq ans s'approche et vient nous serrer la main avec effusion. « *Ezzey ek*, comment vas-tu ? sourit la maman. De-ci, de-là, c'est la même joie sur des visages d'enfants, le même accueil ouvert des parents. « Vous commencez à être aimée ici, Sœur Ghislaine. Vous en avez combien aujourd'hui dans votre jardin d'enfants ? — Cent treize avec l'inscription d'avant-hier. » Il y a exactement un an, elle commençait avec treize.

« Mais, dites-moi, pourquoi n'avez-vous pas voulu passer vous asseoir en première ? Supplément d'une piastre, ce n'est pas la mer à boire ? Vous êtes pas mal fatiguée. » Un moment de silence. « Pour moi, c'est l'Incarnation. — Je ne comprends pas très bien. — Oui, voilà. Le Christ est descendu dans notre chair humaine, dans notre pauvre chair humaine. Quand je me trouve ainsi comprimée au milieu de tout ce peuple, je me sens en pleine pâte humaine, comme Lui. Je lui suis plus proche que si j'allais m'asseoir en première. »

Je ne trouve rien à répondre. Elle a été presque toute sa vie directrice et supérieure dans nos grands collèges. Téléphone dans son bureau, auto à la porte. Elle n'avait qu'à appeler la loge : « Je dois sortir tout à l'heure, veuillez prévenir le chauffeur. » Et toujours pressée, elle partait à tel ou tel rendez-vous important. Naturellement, elle n'avait qu'à s'asseoir au réfectoire pour être immédiatement servie à sa place de supérieure. Ses affaires, lavées et repassées, l'attendaient chaque semaine dans sa chambre où aucun grain de poussière n'apparaissait.

Je vous invite maintenant dans notre petit appartement, à Matareya. Sonnez, elle viendra vous ouvrir en souriant, avec son tablier de cuisine. Elle vient de finir de balayer. Ce soir, avant de se coucher, elle fera sa lessive. La voilà maintenant au milieu de son peuple de bambins de ce milieu populaire qu'elle aime. Elle vient d'ouvrir des cours de coupe pour les femmes. Elle a l'intention de créer aussi pour elles un centre de secourisme et de puériculture, et pour les enfants entassés dans des chambres surpeuplées des études du soir dans le calme. Pour elle, tout cela, c'est encore l'Incarnation.

Prier

Il me reste beaucoup à apprendre de mes frères coptes. Ils savent me remettre, à l'occasion, sur la bonne route.

Aux premiers temps, ma vie chez les chiffonniers était devenue une suite d'activités ininterrompues : au retour de la messe, vite les petits, puis les soins aux malades, le dîner, les filles, ensuite l'alphabétisation jusque vers 10 heures du soir ; souper, coucher, recommencer le lendemain. Mon temps de prière était mangé. Seul le dimanche matin, passé dans la chapelle du Carmel, me permettait de prier, lire et méditer la Bible. J'en profitais pour me plonger dans le vocabulaire de théologie biblique qui est une mine inépuisable. Mais, durant la semaine, vraiment il n'y avait pas grand-chose.

Abou Labib, chez qui j'habite, me demande un jour à brûle-pourpoint : « *Betsalli emta ?* Tu pries quand ? — Le matin, à la messe, et le dimanche. — C'est tout. Mais n'es-tu pas rahba ? religieuse... la femme de la prière ? »

Cet homme de foi me donne à réfléchir. Finalement, oui, qu'est-ce que je suis ? *Social worker*, travailleuse sociale durant la semaine et religieuse le dimanche ? Je sens confusément que mes chiffonniers, plongés dans leur poubelle, attendent de moi autre chose. Combien de fois ils me disent avec un soupir : « Prie pour moi. » Je repense à cette image de mon enfance que je trouvais si romantique et si belle : sainte Geneviève veillant, la nuit, sur Lutèce. Au fond, mes pauvres amis me considèrent d'abord comme leur ambassadrice auprès du Seigneur. Après, oui, bien sûr, que je m'occupe de leurs enfants, de leurs papiers, de leurs bobos.

Je repense aussi à ce livre de ma jeunesse qui n'est plus guère à la mode non plus : *L'Ame de tout apostolat* ; Dom Chautard y donnait comme principe premier : la vie active doit procéder de la vie contemplative.

Je dis à Fauzeya : « Je vais prier, dis aux gens de ne m'appeler que si c'est vraiment nécessaire. » Je ferme la porte de ma cabane, allume la lampe à pétrole et je reste là, en silence, offrant au Seigneur, avec le Christ, le monde et ses chiffonniers.

Une voix au-dehors : « *Rahba, maougouda ?* La Sœur est là ? — *Aywa betsalli*. Oui, elle prie, reviens tout à l'heure. — *Kwayyess*. D'accord. » Elle part, contente, la Sœur prie ; Dieu n'est pas absent des chiffonniers.

Ramadan et sa radio

Ramadan est arrivé un jour travailler chez nous. Quinze ans, un visage bronzé, des yeux ardents. Où va-t-il coucher ? On fait sortir les porcelets et leur mère des quatre murs en vieux bidons : la place est prête, Ramadan peut y dormir en sécurité.

Il me confie : « Tu sais pourquoi je suis arrivé ? Mon père avait prêté de l'argent à un homme. Celui-ci ne voulait pas le lui rendre. Alors, que faire, mon père l'a tué. Il est encore en prison. Ma mère m'a dit : "Tu as quinze ans maintenant, le fils de l'homme assassiné va essayer de te tuer. Pars..." et me voilà ! » Il rit de ses longues dents blanches. Tout cela lui paraît naturel, la question est d'échapper au tueur. On lui donne 10 livres à chaque coup bien exécuté, c'est un bon métier : surtout au temps du maïs, on vous abat facilement un homme. « Mais ma mère, ajoute-t-il, elle est pas bête. Elle m'a fait filer avant ! » Il claque du doigt, ravi !

Le soir, il arrive tôt s'étendre sur la paille, car où aller et que faire ? Un jour, je le vois arriver tout heureux avec une vieille radio fêlée qu'il fait marcher... à toute vapeur. Me voilà dans ma cabane pour prier. Mais la voix en crécelle m'inonde de ses cris rauques. Je sors et m'approche de mon jeune voisin : « Ramadan, écoute, je vais prier maintenant, ça ne te dérange pas de baisser un peu ta radio ? — *Naam, naam.* » Je retourne m'asseoir ; silence total. Mais alors quoi ? Je reviens : « Ramadan, qu'est-ce qui se passe ? Pourquoi as-tu fermé ta radio ? — Parce que tu pries Dieu. — Mais non, Ramadan, ce n'est pas comme ça, je peux très bien prier pendant que tu écoutes ta radio, ouvre-la. — Non, non, je suis fatigué ; j'aime mieux dormir. » Il n'y a rien à faire, je n'arrive pas à le convaincre.

Je repars prier, mais le cœur un peu lourd. Ramadan n'a d'autre distraction que sa vieille radio fêlée, et à cause de moi il se refuse même de l'écouter. Quelle délicatesse d'âme dans ce jeune musulman : la prière, c'est sacré, comment la gêner !

Depuis, quand la radio hurle, je me glisse furtivement dans ma cabane et j'offre au Seigneur les cris du monde.

Mahmoud

Mahmoud est notre voisin de palier, dans le petit appartement de Matareya. Je le rencontre parfois le dimanche, quand il part au travail dans sa galabeya d'un blanc immaculé. Quand il s'est marié, il a demandé la permission d'illuminer notre petit balcon attenant au sien, signe de joie populaire qu'on retrouve quotidiennement à travers la ville : les jeudis soir, de place en place, s'allument les cordons de lumières jaunes, rouges, bleues, tandis que les youyous jaillissent par saccades ; la nuit se passe en chants et danses : femmes et hommes sont rigoureusement séparés dans le peuple ; seuls les garçons et les filles des familles évoluées dansent ensemble. A l'aube, chacun part profiter du congé du vendredi pour se reposer.

Le frère de Mahmoud, Moustapha, est un grand joueur de football devant l'Éternel. Au retour du lycée, hop, les livres et cahiers sur le lit et vite il se mêle au jeu acharné qui n'arrête pas sous nos fenêtres. De temps à autre, pour un coup douteux, les disputes éclatent. Il y a quelques jours la rixe s'envenimait et commençait à dégénérer en bataille. Mahmoud, plus solide et trapu que son jeune frère, s'avance à son secours. La fureur des assaillants redouble. L'un d'eux saisit une pierre tranchante et, vlan, la lance à la tête de Mahmoud d'une main sûre. Celui-ci s'écroule. D'une large estafilade au crâne, le sang jaillit à flots : sa galabeya blanche se teinte de filets rouges qui s'entrecroisent en arabesques et pleuvent sur la poussière. En un éclair les joueurs de football se sont volatilisés. Les gosses et les femmes du quartier les remplacent en hurlant. Police, sirène de l'ambulance... A moitié évanoui, Mahmoud est transporté à l'hôpital, lit blanc, compresses, glucose. Après cinq jours, on le ramène chez lui pour un congé de quinze jours encore. Pâle, affaibli, je vais le voir. Il me raconte les détails de ce petit drame. Révoltée, je lui dis : « Et alors, celui qui t'a mis dans cet état, la police l'a ramassé ? — Non, je n'ai pas voulu dire son nom. — Mais, Mahmoud, il recommencera avec un autre ! » Il secoue faiblement sa tête encore bandée, un sourire passe sur ses traits fatigués et leur donne soudain un rayonnement d'amour : « Non, non, je ne le dénoncerai pas, il ne savait pas ce qu'il faisait. »

Il y a deux mille ans, d'un corps gisant sur une croix, une voix accablée s'élevait : « Père, pardonne-leur, ils ne savent pas ce qu'ils font. » J'en ai aujourd'hui entendu l'écho dans la bouche d'un homme qui ne connaît rien du drame du Calvaire : l'Esprit souffle où il veut.

Partager

Ces jours-ci, je reste dans l'appartement de Matareya préparer le camp de nos petits chiffonniers.

L'épicier du coin me dit : « Je vais recevoir dimanche du halawa (pâte d'huile de sésame et de sucre, très fortifiante et bon marché, il en manque sur le marché actuellement), je t'en garde trois kilos ? — Ça va. » Chance !

Les trois kilos m'arrivent en un long boudin que je considère avec intérêt : me voilà munie de force pour longtemps. Tiens... et les autres ? Je pense au nombre de familles qui achètent au jour le jour quelque cinquante grammes et en seront privées à cause de mon boudin. Je me suis encore laissée entraîner sans réfléchir... Allons, allons, ma vieille, que faire ? rapporter le boudin ? ah ! le camp ! Mes petits vont être ravis de manger de temps en temps un bon sandwich de halawa, et cela va leur faire du bien.

En attendant, quelle vigilance sur soi-même est nécessaire pour partager non pas de beaux discours, l'air et le soleil, mais les choses de la vie. Je viens de lire les terribles paroles que saint Basile me lance à la tête : « Le pain qui demeure inutile chez toi, c'est le pain de celui qui a faim ; la tunique suspendue dans ta garde-robe, c'est la tunique de celui qui est nu ; la chaussure qui demeure inutile chez toi est celle du pauvre va-nu-pieds ; l'argent que tu tiens enfoui, c'est l'argent du pauvre ; tu commets autant d'injustices que tu pourrais répandre de bienfaits. »

J'ouvre mon armoire : il n'y a pas grand-chose, mais cette blouse de travail m'est inutile, puisque j'en ai une autre. Hop, vas-y, elle fera le bonheur de cette mère de famille qui a la sienne en loques. Alors, saint Basile, qu'est-ce que tu dis? Un souffle à mon oreille : « Regarde tes lainages. » Bon, voilà un châle blanc qu'on m'a donné pour la nuit... pour me promener. « Basile, tu fronces les sourcils ? Qu'est-ce que tu grognes, vieux saint ? — Tu en as un noir pour te promener le jour, il t'en faut un blanc pour te promener... la nuit ? — Tu as raison, Basile, Fauzeya va en envelopper son bébé. C'est fini, d'accord ? — Hum, et ces chaussons ? — N'exagère pas, Basile, c'est un cadeau qu'on vient de me faire. Tu sais, le soir, il fait un froid de loup chez les chiffonniers, l'hiver je risque rhume, bronchite, broncho-pneumonie, tombeau ! Ça ne t'émeut pas ? — Et les vieux que tu as ? — C'est pour la poubelle ! — Raccommode, ma fille, raccommode, ça marchera encore. Et surtout garde les vieux pour toi et donne les neufs, n'est-ce pas ! » Avec ces saints-là pas de *modus vivendi*. Om Makram a les larmes aux yeux en mettant les chaussons : « Ça va calmer mes rhumatismes, si tu savais comme ils me font souffrir. »

Janvier, c'est l'hiver dans toute sa cruauté impassible. Blottie sous mes deux couvertures, je n'ai pas souffert. Je sors de ma cabane. Fauzeya est blanche de froid : « C'était terrible cette nuit, nous avons tous grelotté. » Comme partout ici, toute la famille couche ensemble sur le seul lit. J'entre, j'aurais vraiment pu m'en apercevoir plus tôt : une espèce de drap de couleurs variées sert de couverture.

Qu'aurais-tu fait, toi qui me lis, bien au chaud la nuit sous tes couvertures moelleuses ? Pour l'instant, tu ne penses naturellement pas à les partager avec un inconnu qui gît, transi, à quelque cent kilomètres ? Mais figure-toi un instant que seule une planche te sépare d'une famille de petits enfants qui tremblent de froid et que tu entendras bientôt tousser la nuit ? Tu pourras dormir, toi, bien au chaud ? Impossible ! Tu appelleras la maman et tu diras : « Regarde, j'ai deux couvertures, prends la plus grande, moi je m'arrangerai ! » Et vlan ! tu plieras en deux celle qui reste, tu coudras quelques chiffons de chaque côté pour te border gentiment et tu pourras te mettre ensuite à ronfler, le cœur tranquille ! Et en plus, Basile te donnera sa bénédiction !

Feu de joie

Un bon couteau qui coupe représente chez nous un objet précieux. J'en possède un. L'autre jour une femme se précipite chez moi « Vite, vite ton couteau. — Une minute, une minute, je suis en leçon avec les enfants. — Non, non, à la seconde ! » Je le lui donne. Elle repart en courant. Quelques instants après elle me le rend tristement : « C'est trop tard, il est mort. » Elle s'en va comme elle était venue. Je suis un peu inquiète. « Fauzeya, qu'est-ce que c'est que cette histoire de couteau et de mort ? » Fauzeya est sérieuse. « Hé oui, la pauvre, elle a perdu son cochon ! — ? — Quand on voit que la bête est très malade, il faut vite la tuer et on peut utiliser sa viande, mais s'il est déjà mort, c'est fini, on le jette. Tu comprends, c'est une perte. » Je ne suis pas très rassurée sur ces cochons mourants qu'on tue à toute extrémité. Je sors dans la ruelle. La bête est jetée là, sur le tas d'ordures. Cela nous promet sous peu un parfum délicieux, mouches, microbes et compagnie. Il faut y verser du pétrole, ça ne coûte pas grand-chose et peut éviter tous les maux. Les gosses, enchantés de cette nouveauté, m'entourent. Le liquide s'infiltre sous les poils noirs. On craque une allumette et la bête se met à flamber. Les bambins chantent et dansent autour, quel magnifique feu de joie !

Nous rentrons sagement nous asseoir en classe et j'explique la nécessité de faire ainsi brûler cochons, chiens, ânes, chats, rats morts. Les enfants écoutent avec attention. Quelques jours après, je tombe sur un cadavre calciné. Merci, mon Dieu, cette fois la leçon a porté !

Le lendemain, je vois un rassemblement. Je m'approche. Une sorte de boucher qui paraît expert en la matière est en train de dépecer un âne. « Regarde, la belle viande ! » Notre homme l'aura-t-il débitée en ragoût et côtelettes de bœuf ? Je ne le saurai jamais !

Un couteau et un savon

« Mon » fameux couteau, je le prête à bon escient et veille sur lui. Chaque fois que Fauzeya me le demande, je le lui remets avec la phrase consacrée : « N'oublie pas de me le rendre. » Hé, oui, c'est « mon » couteau, mon unique, j'en suis légitime propriétaire.

Fauzeya réussit parfois un bon plat, alors toute joyeuse elle m'en apporte un peu dans une casserole. Je n'ai jamais entendu Fauzeya me dire : « N'oublie pas de me la rendre... c'est "ma" casserole. » Cette femme n'est pas possessive, ses mains sont ouvertes.

Un soir, au moment de souper, je cherche « mon » couteau, impossible de le trouver. Je suis inquiète, comment, il n'est plus là, à « ma » disposition, comme un objet dont je suis maître. « Fauzeya, tu as "mon" couteau ? — Oui, oui. » Elle fouille partout et le retrouve... sous le lit. Elle le met sous la pompe et me le rapporte en riant malicieusement : « Puisque nous sommes sœurs, est-ce que ce n'est pas "notre" couteau ? » Je la regarde en riant à mon tour et je l'embrasse en lui disant : « Tu as raison ; si tu veux, comme les enfants touchent à tout et perdent tout, nous le laisserons en pension chez moi quand tu n'en auras pas besoin. » Et nous voilà d'accord.

Peu après, je tombe sur une phrase de saint Jean Chrysostome : « Mon », ce petit mot si froid !

Le moment de commencer les camps avec les gosses qui vont se succéder est arrivé. Je suis assez ennuyée, car on trouve peu de savon en cette séquelle de guerre. Mais à l'instant où je pars avec ma ribambelle de filles, ravies et braillantes, une voix m'appelle. Fauzeya accourt et fourre dans mon sac deux savons. Elle en avait trois tout à l'heure sur son lit. « Ça ne va pas comme ça, donne-m'en un seulement. — Non, tu en as plus besoin que moi. »

Fauzeya, ma sœur, est rentrée, l'âme légère, dans son taudis : elle voyait, sur son lit noir de mouches, à la place des savons disparus, deux taches de lumière.

5
vie au camp

Les filles au camp

Sœur Ghislaine nous a prêté les deux salles de son jardin d'enfants, libres pendant les vacances. Je pourrai ainsi tour à tour faire sortir nos petits chiffonniers de leur poubelle.

Depuis deux mois, c'était le grand sujet de conversation chez nos filles : iront au camp celles qui auront été régulières et appliquées chaque après-midi. On sera à Matareya, au milieu d'un grand jardin, on fera de belles promenades et, ô merveille ! on aura pour le jour une petite robe neuve et on se couchera avec une chemise de nuit... Quant à ses deux petites culottes, neuves aussi, chacune me donnera 5 piastres (50 centimes) et devra savoir les coudre : on les emportera avec soi après le camp, tandis que robes et chemises de nuit resteront pour l'an prochain.

Munie de la somme offerte par de généreux amis, je pars avec Sœur P. de Notre-Dame-des-Apôtres, qui s'y connaît en achats. Nous rapportons à bon prix de claires étoffes fleuries, et dcs mains habiles nous confectionnent de simples mais seyantes robettes et chemises de nuit.

La question reste l'essayage. Naturellement toutes veulent se précipiter ensemble sur les étoffes tentantes. On n'est pas fille d'Ève pour rien ! *Yalla !* Allez, toutes à la porte, on vous appellera l'une après l'autre. Comme les chiffonniers ont gardé les habitudes de la Haute-Égypte, même les petites filles ont des robes longues. Mais au moment de faire l'ourlet, j'entends avec stupéfaction nos gosses proclamer : « Non, non, au-dessus du genou ! » Nous voilà bien ! « Voyons, mes enfants, je ne veux pas contrarier vos parents. » Enfin, on décide : la jupe dépassera un peu le genou : cela mettra d'accord les filles et les mères !

Nous arrivons au camp ; chacune passe d'abord en tremblant sous la douche : qu'est-ce que c'est que ça ? Il pleut en été ? C'est une grosse boule ? Elle ne va pas me tomber sur la tête ? Enfin on se rassure et on se savonne de la tête aux pieds pour faire fuir ses *pulex irritans* et autres... habitants : linge propre, robe joliette, ruban dans les cheveux bien peignés. C'est un émerveillement : être propre, dans un endroit propre, au milieu de gens propres ! Le soir, nouvelle joie : on se couche avec une chemise de nuit, on a chacune un petit matelas ; on s'endort avec Alice au pays des merveilles.

Ce premier jour s'était donc passé comme un rêve : étonnées d'elles-mêmes en se voyant si mignonnes, elles ne s'injurient plus, ne se battent plus. Je me disais : comment ai-je pu redouter ce camp ?

Le second jour, tout alla encore bien : écriture, calcul et canevas, catéchisme pour les chrétiennes, morale pour les musulmanes alternaient avec les jeux, les chants et de bons repas. Mais le mercredi matin, au retour de la messe, je sens que l'atmosphère est changée. Il souffle un khamsin suffocant, nous aurons bientôt près de 40° de chaleur. La jeune monitrice chargée de leur faire faire la gymnastique manque d'expérience. Les petites n'ont pas voulu obéir ; elle les menaça alors de les battre : celles-ci ripostèrent en lui lançant des gros mots de leur vocabulaire. Débordée, perdant patience, elle leur jeta l'injure suprême : « On voit bien que vous êtes de la poubelle ! »

Je trouve nos petites mornes et sans joie. Je me fais raconter l'histoire et reste atterrée : quelle blessure ont reçue ces enfants ! Il faut éclairer l'inexpérience de la monitrice : « Essaye de comprendre le mal que ça fait ! Tout homme est susceptible sur sa race, sa religion, sa famille. Si tu me dis : salaud ! ça me touche, mais "ces salauds de Français" me blessera au cœur. Tu sais combien les chiffonniers sont méprisés. Nous essayons de tout faire pour les sortir, au moins quelques jours, de leur poubelle, et tu les précipites de nouveau dedans ! »

Heureusement que Sœur P., dont l'arabe est la langue

maternelle, trouve les mots délicats qui arrangent un peu les choses. Mais la chaleur et le diable aidant, nos enfants recommencent à s'injurier mutuellement et à se battre avec la savate. Je suis désolée.

Par bonheur, une promenade au zoo est prévue samedi pour terminer la semaine : le spectacle étrange de tant d'animaux inconnus les accroche au point de leur faire tout oublier et, sans incident cette fois, nous les ramenons chez elles comme prévu. Je nomme celles qui, lundi prochain, pourront revenir : une dizaine seulement qui devront promettre formellement de ne pas se battre !

Un bon travail éducatif a pu alors se faire : nos enfants commençaient à se respecter mutuellement, attendaient que tout le monde soit servi au lieu de se jeter sur leur assiette, se passionnaient pour faire des progrès en lecture et en calcul ; elles venaient d'elles-mêmes, nouveauté extraordinaire, me demander de laver leur robe salie. Amusées par l'eau qui coulait toute seule du robinet — il ne fallait plus pomper —, elles se mettaient à frotter avec animation et apprenaient à laisser s'égoutter leur robette pour qu'elle ne soit pas chiffonnée : elles n'ont pas de fer à repasser dans leur bidonville !

Quand j'ai revu les petites coquines que je n'avais pu garder, elles m'ont dit sans rancune : « L'an prochain, nous irons de nouveau au camp ? — Bien sûr, car vous allez devenir des anges en grandissant ! »

Elles m'ont embrassée avec effusion. Elles étaient, malgré tout, un peu plus propres !

Transfiguration

Six août, fête de la Transfiguration : messe au Carmel, écoute du prophète Daniel ; dans les visions de la nuit à Babylone, il contemple, venant sur les nuées du ciel, un mystérieux « Fils d'homme » : *Bar Nasha* en langue araméenne ; le terme hébreu *Ben Adam* sonne plus familièrement aux oreilles : fils d'Adam, on se sent tous concernés.

Deuxième lecture : récit de Luc qui, deux cents ans après, nous engage de nouveau en plein mystère : Jésus, *Bar Nasha* comme il aime lui-même se nommer, est soudain transfiguré, tandis qu'une nuée enveloppe les trois disciples épouvantés.

La messe s'achève. Je reste quelques instants seule à prier dans la paix silencieuse de cette oasis carmélitaine. Je médite les vêpres de la liturgie byzantine.

« Ô amants des spectacles au-dessus de l'intelligence..

« Contemplons mystiquement le Christ qui resplendit des rayons divins...

« Et fait jaillir l'illumination sur nos âmes. »

Comme ce serait bon de planter sa tente sur le Thabor, comme le proposait Pierre à Jésus. Mais Luc ajoute avec bonhomie : « Il ne savait pas ce qu'il disait. » Après la descente de la montagne, il décrit avec le même flegme l'épileptique qui écume et se roule par terre et Jésus qui le guérit et « le rend à son père », ces derniers mots ne sont-ils pas délicieux ?

Allons, descendons de la montagne. Après les filles, c'est le tour de nos petits diables de chiffonniers, ces gamins de six à huit ans qui passent leur temps, au retour de la voiture, en pugilats variés et viennent ensuite se faire soigner leurs blessures.

Au moment où j'arrive, ils font leur prière avant le repas ; puis, assis en rond par terre, leur bonne assiette de fouls (fèves) à leurs pieds, ils me jettent un retentissant « *Saïda* » et dévorent avec appétit, très occupés et très sages !

Je regarde ces petits plants sauvages qui poussent au milieu des ordures : nous les avons transplantés pour quelques jours dans le jardin d'Eden, afin que l'amour dont nous les entourons les transforme peu à peu.

C'est pour cette transfiguration-là qu'il valait la peine de descendre de la montagne.

Daoud, le bandit

Un petit bonhomme, pas plus haut que trois pommes il y a trois ans, a grandi peu à peu dans ma ruelle. Violent et batailleur, Daoud (David) possède des yeux noirs de jais, un petit nez bien planté dans un visage brun-noir, et une tête ronde qu'il balance avec autorité. Je n'ai jamais vu ce gosse obéir à personne. Comme le chien de Jean de Nivelle qui s'enfuit quand on l'appelle, il suffit qu'il entende son père ou sa mère crier : « Daoud ! » pour s'enfuir de toute la vitesse de ses petites jambes. Si par bonheur on arrive à le saisir, il se débat avec une force étonnante pour ce petit corps et ses hurlements dénotent des poumons peu communs.

Quand il a eu six ans, j'ai eu de longues conférences avec ses parents pour qu'il aille à l'école. Lorsque ceux-ci ont été convaincus, je me suis attaquée à Daoud. Mais là, c'était une autre histoire. Je ne pouvais l'interpeller que lorsqu'il était tranquille, occupé à manger. Mais alors rien ne l'intéressait que ses oignons et sa salade. Quand ce petit sauvage entendait le mot « école », ce terme déclenchait en lui un bond irrésistible et la fuite à travers les ordures.

Depuis un an, j'ai obtenu que de jeunes « chammas », diacres coptes orthodoxes, viennent faire la catéchèse à ces petits païens, baptisés sans plus. Daoud a consenti à venir chez moi pendant une heure écouter les belles histoires du Bon Dieu et recevoir aussi une belle image. A part quelques coups de poing à ses voisins de droite et de gauche, quelques coups de pied sous la table aux gosses assis devant lui, il se tenait relativement tranquille.

Apprenant que j'allais faire un camp avec nos enfants, les jeunes « chammas » m'ont proposé d'en faire un avec leurs élèves. D'accord, mais pas plus d'une quinzaine, car il faut qu'à leur départ les murs tiennent encore debout. Ils me proposent leur liste : « Oh ! oh ! Daoud... à vos risques et périls ! » Mais comment dire non à des yeux de jais qui implorent tandis qu'une petite bouche énergique jure solennellement d'être d'une sagesse exemplaire.

Nous partons en file indienne à travers les hautes tiges de maïs. Daoud, dans ses souliers trop grands pour lui, avance avec assurance. Un coup de poing énergique à qui veut le dépasser, et il arrive bon premier à la gare. Personne ne pourra l'attaquer, car ce gosse de huit ans, en roulant le haut de sa culotte, y a caché un couteau à lame rentrée : la poche est moins sûre.

Heureusement Nader, qui le connaît, veille avec diligence.

Il les a séparés au moment où il commençait un pugilat serré avec Guirguis, son émule. Les deux petits gredins, fatigués, se reposent côte à côte sur la « hasira », la natte en paille jaune et rouge qui couvre les carreaux de la salle.

Daoud, le regard méchant, interpelle Guirguis : « On se repose maintenant, mais tu verras après, j'ai ce qu'il faut pour te faire ton affaire. »

Nader n'est pas rassuré. Il appelle Daoud et tout en causant : « Regarde, le beau couteau que j'ai. — Oh ! moi j'en ai un aussi. » Il fouille dans sa culotte et exhibe fièrement son arme. Nader n'hésite pas et la saisit en disant doucement : « Au camp, c'est défendu, Daoud. Je te le rendrai au retour. » Mais l'enfant ne l'entend pas de cette oreille ; dans une rage folle, il se roule par terre et se met à hurler. Soudain, profitant d'un moment où on ne le regarde pas, il fonce vers la porte du jardin, tire le gros clou cheville qui la ferme et bondit dans la rue. Il va se perdre, ce petit. Nous sommes loin de son bidonville et, quand il sera égaré à travers le dédale des rues grouillantes de Matareya, il ne pourra plus en sortir ! Heureusement, quelqu'un l'a vu. C'est alors une poursuite effrénée, car ce gosse infernal possède — qui l'aurait cru ! — non des pieds de bouc, mais de biche !

Enfin, on le saisit par la culotte et on le ramène, sanglotant de rage. Heureusement, Sœur M. de la Délivrance est venue cette fois m'aider ; elle le prend doucement entre ses bras et lui explique, comme une maman le ferait, qu'on ne peut lui laisser un gros couteau entre les mains. Lentement il s'apaise. Un coup de sifflet, hop ! on va s'amuser tous ensemble et Daoud se lance à corps perdu dans le jeu avec Guirguis et les copains...

Le lendemain, ce bandit en herbe se jetait avec rage sur un gosse qui avait osé l'insulter, et il était près de l'étrangler si l'on n'était intervenu à temps. Furieux d'avoir vu sa vengeance lui échapper, il tempête avec fureur et refuse de manger : « Je n'ai pas faim. » Ce petit d'homme a déjà soif de vengeance, rien d'autre ne l'intéresse ; il continue à hurler avec de temps en temps un long sanglot. Cela fend mon vieux cœur de grand-mère, mais Sœur M. et les chammas insistent pour qu'il reste ainsi éloigné des autres quelques minutes.

Enfin je m'approche : « Daoud, regarde la chapelle sur la petite colline, tu ne l'as jamais visitée, viens voir. » Intrigué, il se lève et grimpe avec résolution le sentier barré par des lianes épineuses. « Ça fait mal, les épines : quand tu bats les autres, ça leur fait encore plus mal. » Il ne répond pas. Nous voici devant la porte fermée à clé de la veille chapelle. « Nous sommes devant la maison du Bon Dieu, nous allons prier ensemble. Tu es chrétien, Daoud ? » Il me répond par un signe de tête énergique. « Et Jésus, qu'est-ce qu'il a fait pour Daoud ? » Il serre les lèvres en silence. « Il a porté sa croix et Il a demandé que nous nous aimions les uns les autres. » Je commence : « *Abana ellazi fi semawât*, Notre Père qui es aux cieux », il prie avec moi. « C'est fini, Daoud, tu vas être un vrai petit chrétien maintenant ! » Nous redescendons de notre montagne, et il s'en va doucement près de ses camarades, le visage apaisé. Le lendemain, il avait de nouveau le diable au corps, Melêk l'emmène cette fois à l'église où se déroule chaque soir la liturgie préparatoire à la fête de la Vierge (le 22 août du calendrier julien et non le 15 du grégorien). La petite âme de Daoud se laisse envahir par ces chants coptes anciens si pénétrants. On lui donne en sortant un petit pain bénit, « Korban », il le distribue dans le camp. « Et Guirguis (l'ennemi de tout à l'heure) ? » Il court vers lui, lui donne un gros morceau et l'embrasse.

Nous avons décidé d'emmener notre petit monde au jardin zoologique. Guirguis et Daoud, réconciliés, se tiennent par la main. Nous sommes devant deux singes enfermés dans une cage. Le premier, plus fort, saisit avec prestesse les cacahuètes et s'apprête à battre sa guenon si elle fait mine d'en prendre aussi. Celle-ci, découragée, s'assied au fond de la cage. « Elle pleure », dit Daoud. « Tu vois comme l'autre est méchant, Daoud, il garde tout pour lui. »

Nous partons. Je trouve dans ma poche un reste de cacahuètes. « Daoud, tiens, mais ne fais pas comme le singe. » Je le laisse. Nous nous asseyons en attendant le bateau qui va nous ramener sur l'autre rive du Nil. Notre petit bonhomme prend son paquet de cacahuètes. Je l'observe sans qu'il s'en aperçoive. Il en saisit une et la mange — charité bien ordonnée commence par soi-même —, et après ? Après, il va en distribuer à tous, mais il en donne deux à Guirguis !

Il fait terriblement chaud, 30° à l'ombre, et nous revenons assoiffés au camp. Daoud a été promu chef d'une équipe de cinq gosses, il a été acheter les billets au guichet du train et les a gravement distribués à chacun. Nous entrons dans une boutique de jus de canne à sucre. « Daoud, tu distribueras un verre à chacun et, quand tu auras servi tout le monde, tu prendras le tien. » Le garçon tend quatre verres, Daoud a terriblement soif, il saisit le premier et y trempe les lèvres. Puis il se rappelle son rôle de chef et le tend à un autre, il distribue ensuite les trois qui restent. Occupée avec une autre équipe, je vois soudain le garçon apporter encore un verre. « Qui n'a pas bu ? » Daoud lève le doigt, lorsqu'un de ses camarades s'écrie : « Non, tu en as pris. » Daoud serre les lèvres, met sa tête sous le comptoir et se tait. Une larme brille dans ses yeux, mais il persiste à se taire. « Daoud, c'est le tien. » Il le saisit et l'avale d'un trait.

En préparation de la fête de la Vierge, tous les coptes fervents jeûnent et nos chammas ont veillé à ce que les repas soient sans viande ni lait, ou fromage ; mais je les vois très affairés pour que les enfants ne manquent de rien.

C'est le dernier jour du camp, on repasse par l'église et, dans une dernière prière, on promet au Seigneur d'aimer tout le monde et d'écouter papa et maman.

Peu de jours après, je revois mes jeunes catéchistes, ils sont rayonnants : « Nous revenons de chez les chiffonniers, il se passe une chose extraordinaire : Daoud ne s'est pas battu, il n'a insulté personne. Il a dit à sa mère : "Nous devons jeûner avant la fête et demain, dimanche, je dois aller à l'église." Il a ramassé ses camarades et les a emmenés à la messe. »

Daoud, mon petit loup, devenu agneau, je ne sais si, le naturel revenant au galop, tu ne redeviendras pas un jour un bandit au couteau caché dans la ceinture ; mais l'homme qui a, une fois, rencontré le Christ dans son enfance ne peut l'oublier à jamais. Un jour, mon petit Daoud, tu entendras cette parole ravissante dite il y a deux mille ans à un authentique bandit : « Ce soir, tu seras avec moi dans le paradis. »

Les cinq chammas

Chammas : un des plus jolis termes chez les coptes ; il évoque le serviteur de l'Église, qui, revêtu de la longue robe blanche et de l'étole rouge, se tient dans le chœur, chante de tous ses poumons les versets sacrés et participe activement au déroulement de la liturgie. Vous voyez déjà des garçons de cinq à six ans, et parfois surtout le fils du prêtre célébrant, se tenir graves et recueillis, petits diacres déjà, encore en herbe.

Remarquons en passant que chez les coptes orthodoxes aucun prêtre ne peut être ordonné s'il n'est pas marié. Arrivé au dernier degré avant la prêtrise, il cherche femme, convole en justes noces pour quelques semaines et part ensuite dans un monastère pour se préparer au sacerdoce. Les évêques seuls, devant être célibataires, sont choisis parmi les moines.

Nous terminons le camp avec les cinq chammas qui s'y sont dévoués corps et âme. Ils sont pâles et fatigués, car nos petits gredins ne leur ont pas toujours offert des nuits paisibles et il fallait parfois empêcher des batailles nocturnes. Et pourtant ils me disent : « Quel dommage que le camp soit terminé, il a fait tant de bien aux enfants. » Mais l'un part en Allemagne, l'autre reprend son travail, le troisième doit préparer ses papiers pour l'université.

Ils tiennent surtout à ce que, Sœur M. et moi, nous allions visiter leur famille. Pour ce peuple plein de foi, la présence d'une personne consacrée à Dieu apporte avec elle la « baraka », la bénédiction. Nous voilà donc assises dans le petit salon orné de tableaux du Christ et de la Vierge. Tout en buvant le « charbat », le sirop de fraises, nous devisons et un sujet brûlant sort sur le tapis (ou plutôt sur le plancher : en été, on rentre les tapis qui, je suppose, ajoutent encore à la chaleur ambiante).

« Vous allez prendre aussi des musulmans dans le camp suivant ? — Oui, bien sûr, j'aime autant les musulmans que les chrétiens. Le Seigneur ne les aime-t-il pas aussi ? — En tout cas, ils n'entreront pas au paradis. — Et pourquoi ? — Parce qu'il est écrit dans l'évangile : celui qui ne renaît pas de l'eau et de l'esprit n'entrera pas au Royaume de Dieu. Croyez-vous à cette parole ? — Oui, mais il faut s'entendre sur le terme :

est-ce de l'eau du robinet ? ou l'eau de la grâce ? — L'eau de la grâce, mais le signe sensible est l'eau du robinet, car l'homme doué de sens a besoin de voir, d'entendre, de toucher. — Bon, et quand le Christ parle des fleuves d'eau vive qui couleront du sein de celui qui croit, est-ce encore l'eau du Nil passant par le robinet ? — Ici, c'est l'eau de la grâce. Mais vous, vous devez faire tous vos efforts pour que tous les hommes soient baptisés. Êtes-vous religieuse ou travailleuse sociale ? »

Je réfléchis un instant et en toute loyauté je leur dis : « Non, mon but n'est pas de les amener au baptême, mais de les aider à devenir des hommes. — Voilà, vous êtes une travailleuse sociale, *social worker* », insistent-ils en passant de l'arabe à l'anglais.

L'argument est de poids. « Peut-être que je me trompe, mais en conscience je crois devoir les aimer gratuitement et non pas essayer de les amener à ma religion grâce à mes services. — Vous n'êtes qu'un canal, votre rôle est de les amener au Christ en laissant passer sa grâce. — Je ne suis qu'un canal, c'est très juste. D'après moi, mon rôle est d'imiter le Christ, en aimant jusqu'au bout, jusqu'à la mort s'il le faut. Lui, au jour qu'Il veut, Il donnera la Lumière qu'Il veut. Des jeunes musulmans sont venus me trouver pour se faire baptiser, j'ai refusé. »

Ils sont décontenancés. « Ils n'avaient pas vingt ans. Je leur ai dit : "Vous ne savez pas dans quelles difficultés vous vous embarquez. Terminez vos études, soyez bons en famille, aidez les pauvres et ceux qui souffrent, priez... et dans deux ou trois ans revenez me voir." — Voyez, ma sœur, vous leur avez dit d'aider les pauvres, c'est de nouveau le *social worker*. Pourquoi ne les avez-vous pas encouragés ? — Parce que j'ai vu autour de moi, à travers les pays musulmans où j'ai passé, de nombreux cas de jeunes convertis. C'est trop dur, ils finissent par flancher. En apprenant aux hommes à s'aimer, je les mets au cœur du christianisme. »

Il y a une minute de silence. J'ajoute : « Vous connaissez aussi le chapitre 25 de saint Matthieu : "J'ai eu faim et soif, j'étais nu, vous m'avez donné à manger, à boire, vous m'avez vêtu. — Seigneur, nous ne te connaissons pas. — Non, mais c'est à moi que vous l'avez fait." Le passage est clair : il n'est pas parlé de certificat de baptême, ni même de connaissance du Christ, mais du service de ses frères. »

Le soir tombe, il est temps de partir. Comme je sais leur donner à tous une grande joie, je propose de prier ensemble. Tournés vers l'orient, selon leur habitude, nous levons les mains : « *Abana ellazi fi semawat*, Notre Père qui es aux cieux. » Ils nous raccompagnent tout heureux et une heure après nous apportent, à Sœur M. et à moi, un tableau du Christ en prière à Gethsémani. Ils ont écrit par derrière, avec la citation des Actes des Apôtres : « Tout était entre eux en commun... Merci au Seigneur Jésus qui nous a accordé l'occasion de servir en commun dans la vigne du Seigneur. »

Nous sommes toutes les deux profondément touchées... Extraordinaire jeunesse qui sait encore trouver sa joie en travaillant dans la vigne de Dieu. Je leur dis dans un sourire : « Un jour, je l'espère, nous nous retrouverons tous ensemble au ciel, et je crois que nous y rencontrerons nos frères musulmans. » Ils m'ont répondu en riant : « *Incha' Allah!* Que cela plaise à Dieu ! »

Vous n'irez pas au ciel

La discussion avec nos jeunes chammas a soudain fait surgir en ma mémoire un incident similaire et opposé tout à la fois.

Je me trouvais à Paris cette année-là quand je reçois de Suisse une lettre d'une de mes anciennes élèves musulmanes. « Ma Sœur, je voudrais vous voir pour une grave question. Mon mari m'a permis de faire le voyage, dites-moi à quelle date je peux arriver. »

Elle doit se trouver Dieu sait dans quelle difficulté, pensai-je. Elle avait eu précédemment les différends classiques avec sa belle-mère et un jour même était retournée, excédée, chez ses parents. L'énergie de son père avait obtenu que le jeune ménage vive seul et tout était rentré dans l'ordre.

Elle m'arrive, jeune et jolie, avec, dans ses yeux noisette, cette expression de douceur qui la caractérisait. Nous nous embrassons avec effusion. « Tout va bien chez vous ?

demandai-je avec une pointe d'inquiétude. — Tout va bien, mon mari est l'homme le plus gentil du monde et ma petite fille devient de plus en plus jolie. » Elle me montre une ravissante photo.

« Quelle est donc la grave question qui vous amène ? » Elle me regarde en hésitant un peu. « Voilà, je pratique de mieux en mieux ma religion, et j'y trouve un bonheur extraordinaire. » Son visage rayonne. « Vous savez comme je vous aime ! — C'est réciproque », lui dis-je en riant.

Elle reprend : « Alors, je me suis dit : ce n'est pas possible que mon ancienne maîtresse tant aimée n'aille pas au ciel. Seuls les musulmans entreront au paradis. Je suis venue pour vous parler très sérieusement. Il faut étudier notre religion. »

Les yeux noisette se fixent sur moi, remplis d'affection et... d'imploration. Comment ne pas en être émue ? « J'ai étudié déjà votre religion. J'ai lu le Coran en français et dans le texte arabe avec une amie. — N'est-ce pas très beau ? — Oui, il y a des passages qui m'ont apporté une lumière. — Ils ne vous ont pas convertie ? — Non, vraiment, chérie ; j'ai trouvé tant de lumière dans l'Évangile, dans la doctrine du Christ. — Oui, nous le reconnaissons aussi pour un grand prophète. Mais Mahomet a été envoyé par Dieu pour clore et purifier toutes les révélations précédentes, il est le dernier, et donc le plus grand des prophètes. » Je lui réponds doucement : « C'est votre avis, mais, voyez-vous, ce n'est pas le mien. Je crois que Dieu demande à chacun de marcher d'après sa lumière et de faire sur terre le plus de bien possible. — Oui, c'est ce que vous nous disiez. » Mais elle reprend avec chaleur : « Je voudrais tant que vous alliez au ciel. — Je l'espère aussi pour vous et pour moi », lui dis-je en souriant.

Nous avons encore longuement causé ; mais je n'oublierai jamais le voile de mélancolie recouvrant les jolis yeux noisette qui se fixèrent une dernière fois sur moi. Elle m'embrassa tendrement et disparut.

Nous, les hommes, nous nous fermons mutuellement la porte du ciel ; heureusement que le Christ, Lui, a donné sa vie pour l'ouvrir à tous « les hommes de bonne volonté ».

Jeûner

Le jeûne : j'ai été obligée de le pratiquer depuis que je partage la vie des coptes orthodoxes : ils sont restés fidèles à la tradition des premiers chrétiens qui chassaient leurs démons par la prière et le jeûne. Nos démons à nous ont bien l'air de se promener en toute liberté... « *Enti sayma ?* » (« Tu es jeûnant ? »), selon l'expression consacrée, m'est sans cesse demandé. Alors, pour ne pas les scandaliser, je m'y suis mise.

Strictement, on ne devrait rien manger jusqu'à midi. J'ai avoué que j'étais incapable de m'y conformer en travaillant en même temps. « Ce n'est pas le principal, il faut surtout que tu ne manges rien de l'animal. — Ça va. » A leur exemple, je me suis accoutumée à me nourrir de fèves, lentilles, riz, dattes, patates douces et pommes de terre, avec naturellement le pain bis. Celui-ci représente les neuf dixièmes de la nourriture du pauvre. Quant aux coptes fidèles — et ils sont nombreux —, ils jeûnent plus de deux cents jours par an !

Nos zélés chammas ont mené le troisième camp juste avant le 22 août, fête de l'Assomption. Naturellement, nous avons tous jeûné. Un jour, j'emmène nos gosses dans le grand jardin d'une de nos écoles étrangères. Les Sœurs reçoivent ces petits chiffonniers comme leurs propres enfants ; la Supérieure me tend un beau billet : « Gâtez-les bien au jardin zoologique. » Elle m'emmène au réfectoire : la table est chargée de beurre, fromage, charcuterie, tablettes de chocolat, etc. « Il n'y a pas de coptes parmi vous, dis-je un peu étonnée. — Mais si, bien sûr. — N'est-ce pas pour vous le jeûne de la Vierge ? » On me répond avec l'argument classique : « Nous ne pouvons jeûner puisque nous travaillons. »

Je n'ai pas voulu discuter, car tout de même ma question était indiscrète, véritablement cela ne me regardait pas. Je suis retournée auprès de mes petits : ils dévoraient leurs sandwichs de fèves et de confiture avec appétit.

Il faut reconnaître que tout doit se faire avec discernement. Quand j'ai commencé à partager la nourriture des pauvres qui ne mangent presque jamais de viande, je suis tombée malade ; alors je me suis dit : « Vraiment, tu es un âne, ma pauvre amie, c'est au-dessus de tes forces, de tes possibilités. » J'ai eu alors la chance de rencontrer un expert en diététique égyptienne. Il m'a expliqué : « Vous pouvez très bien vous passer de viande, à la condition de remplacer ses protéines par d'autres : fèves, lentilles, haricots, riz, surtout le poisson, moins cher que la viande, et ses protéines sont excellentes. Joignez-y le miel noir et le "halawa" (douceur faite avec l'huile de sésame) et les vitamines des tomates et des fruits. Je vous préviens seulement d'une chose : cette nourriture étant légère, vous aurez plus vite l'impression d'avoir faim, mais substantiellement vous serez autant et même mieux nourrie. »

J'ai suivi le conseil de cet expert et, à mon propre étonnement comme à celui des autres, je me porte mieux qu'auparavant. Les gens vous disent : « Peuh ! Jeûner, ça n'a pas de sens ! — Pas de sens pour vous, monsieur. Quant à madame et à mademoiselle, elles jeûnent à leur manière — Ah ! pour la ligne. — Ah ! pour le Seigneur, chacun son choix. L'un pratique le yoga pour préparer son âme à la contemplation de Dieu, l'autre pour guérir ses crispations d'estomac. Liberté, liberté chérie ! »

Quant à ma petite expérience, elle est pour moi concluante : le jeûne aide « frère l'âne » à ne pas s'alourdir de picotin pour grimper plus allégrement le sentier du Carmel. Mais à chacun son choix. Tous les ânes ne se ressemblent pas !

Ça vaut la peine de se tuer

Nous préparons le cinquième camp avec deux jeunes animateurs pleins de zèle. Il faut d'abord, comme chaque fois, aller « ramasser » nos petits chiffonniers. Le meilleur moment reste toujours vers 1 ou 2 heures lorsque les hommes reviennent de leur tournée. Il s'agit d'emporter de haute lutte la permission : ces gosses sont utiles et l'on s'en passe difficilement.

« Abou Mahmoud, tu nous donnes ton fils cette semaine ? — Combien de jours ? — Quatre ou cinq seulement si tu veux. — Qu'est-ce qu'il va faire avec vous ? — Il va s'amuser d'abord, ce gosse, jouer au ballon. » Ezzat, l'animateur, ajoute : « Il ira au jardin zoologique, il montera sur l'éléphant. » Mahmoud écoute en silence, subjugué. Le père répond en riant : « Tu me prends avec lui sur l'éléphant ? Va, Mahmoud, appelle ta mère, qu'elle te mette ta galabeya propre. »

Nous avançons à travers les ordures. Osiris, le dieu du soleil des temps pharaoniques, fils de Geb (le sol) et de Nout (le ciel) renvoie à son père Geb, en ondes brûlantes, la vie qu'il lui a donnée. Je commence à fondre et Ezzat à brûler.

Mais il faut continuer. J'appuie mon vieux bras sur sa jeune force. « Au fond, c'est le meilleur service que nous rendons maintenant à nos petits. — Comment ? — Hé oui, nous fatiguer pour eux. » Ezzat, comme bien des jeunes d'ici, possède une âme profonde. « C'est vrai, remarque-t-il, le Christ s'est bien laissé tuer pour nous. » Nous voilà nez à nez avec Hanna (Jean) assis au milieu des ordures. « Où est ta mère ? » Celui-ci, ce sera plus facile de l'emmener car sa sœur, Ansaf, est revenue dans l'enthousiasme du camp précédent. On entre dans l'ombre du bidonville. « Oui, oui, qu'il aille, dit la mère en riant, ça lui fera du bien. »

Nous repartons, de soleil brûlant en soleil brûlant, de ruelle en ruelle, nous tournons pendant deux heures : des sauts de joie terminent chaque palabre, des petits corps bronzés se précipitent vers la pompe pour se laver et nous suivre.

Le train arrive, joie de sauter dedans ; enfin on est au camp. Ezzat et moi nous nous affalons sur un banc, dans l'ombre du jardin. « On n'en peut plus, ma Sœur, mais regardez nos petits. » Ils ont déjà saisi le ballon et, sous le préau ombragé de feuilles de palmier, ils jouent au football : une allégresse nouvelle s'est emparée d'eux. « Ça vaut la peine de se tuer », conclut Ezzat.

Un discours

Nos petits chiffonniers, proprement vêtus, sont assis en demi-cercle sur une natte. Les invités ont l'honneur d'un siège. Avant d'entrer dans les jeux de la fête, Ezzat prend la parole : voici le discours qu'il nous tint en français, j'ai tenu à le recopier mot à mot, on y retrouve toute la sensibilité égyptienne :

« Avant de commencer cette modeste petite fête, je serai heureux et reconnaissant de vous exprimer, avec mon camarade Saad, les impressions que nous avons ressenties lors de nos contacts avec ces petits enfants.

« Nous ne pensons pas que la vie étant déjà si dure il nous faille la rendre dure à ces enfants qui y entrent à peine. Jusqu'à présent ils n'ont reçu de la vie que mépris et rejet. J'ai remarqué pour la première fois la souffrance du dédain qu'on a pour eux. Cette souffrance, ce dédain sont marqués sur leur visage et font d'eux une image d'abandonnés, de méprisés, de rejetés, dans la privation du bonheur, de l'affection, de l'amour et de la vie elle-même. Ces enfants qui sont marqués malgré eux par la saleté sont devenus des chiffonniers pour nettoyer nos maisons et la société les regarde avec dédain et dégoût.

« Je parle au nom de ces petits qui ont été séparés de la société et de la vie : sommes-nous des frères pour les laisser dans cette situation ?... cette situation qui exclut toute affection et chasse de la société elle-même des êtres innocents.

« Je ne peux dire ce que j'ai vu dans ma première visite chez les chiffonniers. J'ai aperçu aussi sur les visages la joie et le bonheur. Il est donc possible de leur faire oublier en partie la dureté de la vie en leur donnant le meilleur de soi-même, en leur apportant un cœur plein d'amour, l'affection, la bonté, l'encouragement, le soulagement et le désir de vivre...

« Pour terminer, je remercie tous ceux qui nous ont aidés à accomplir l'œuvre du Seigneur dans ces petits êtres si abandonnés... Je suis heureux de voir le sourire et le bonheur qui se dessinent sur leurs visages grâce à ce que Dieu leur a donné pour les épanouir. »

« Ibtisam » : Sourire

Le camp est fini. Nous avons rendu à leurs parents des petits chiffonniers radieux. « On recommencera ? — Oui, on fera un jour une belle promenade. Mais attention : plus de coups de poing, d'injures : on demandera à maman si vous êtes devenus plus sages ! » Nous voyons nos gosses s'asseoir par terre au milieu d'un cercle médusé et raconter leurs aventures.

De partout petits et grands accourent nous serrer la main. Je m'enquiers : « Comment va ta femme ? La petite est mieux ? Le vieux papa, toujours à l'hôpital ? » Un sourire par-ci, une caresse par-là, un compliment à une jeune maman, une gronderie à un petit bonhomme insupportable, et nous voilà repartis à travers le maïs qui surplombe nos têtes.

Ezzat me demande à brûle-pourpoint : « Qu'est-ce que vous donnez de meilleur aux chiffonniers, ma Sœur ? — De meilleur, hum ! le verre de cacao au lait, grâce à des amis qui me le procurent ; les enfants le dégustent. — Non, non, ma Sœur, c'est autre chose, ce n'est pas matériel. » Je ris : « Pas matériel ?... Je leur donne mon petit cœur, est-ce que c'est matériel ou non ? — Ma Sœur, plus précieux que l'or et l'argent, vous leur donnez votre sourire. »

Une grosse tige de maïs est tombée et barre le sentier ; mon pied bute, Ezzat me rattrape. « Merci, mon ami, vous disiez, ah ! oui, le sourire. — J'ai remarqué leur visage quand vous leur serriez la main en souriant, une sorte d'aurore passait sur eux. — Vous êtes poétique, Ezzat. Mais moi, vous savez, j'ai une vieille figure toute ridée, je n'allume plus d'aurore. Regardez Sœur I. qui est venue avec nous cette semaine, elle, elle est jeune, c'est autre chose. » Nous nous mettons tous les trois à rire.

Ezzat, lui, ne démord pas de son idée : « *Ibtisam*, le sourire, c'est ça dont l'homme a soif : jetez-lui cent livres d'argent, ça ne vaut rien ; donnez-lui dix piastres avec un sourire, avec votre cœur, vous l'avez enrichi. » Je pense soudain à certaine distribution de pains de saint Antoine : les gens passaient, on leur jetait littéralement le pain... vite, au suivant ! Ça faisait mal ! Ezzat ajoute : « *Ibtisam, ihtiram*, le sourire c'est le respect : reconnaître la valeur de l'autre, c'est le premier pas pour l'enrichir. »

Il est temps de se quitter. C'était bon de travailler ensemble pour épanouir nos petits chiffonniers. Nous nous sommes dit adieu... dans un sourire.

Quel est le but ?

Durant le dernier camp, de l'autre côté de la murette qui a coupé en deux le grand jardin de l'église des jésuites, de joyeux hourras se faisaient entendre. Ils étaient en partie la conséquence d'une grave conversation avec le Père B.

« Vous êtes plantés là, en plein cœur de Matareya, mon Père. Que faites-vous pour les gens ? — Oui, je pense depuis longtemps au devoir de nous intéresser à la population environnante : ouvrir ce jardin aux enfants qui n'ont que la rue pour s'ébattre, y organiser jeux et activités qui les épanouissent, les rendre responsables de leur quartier. »

En fait d'épanouissement, c'est réussi : rires et cris se succèdent, coupés de temps à autre par un coup de sifflet. Profitant de ce que mes enfants sont d'une sagesse angélique — c'est la sieste, ils dorment avec les deux moniteurs —, je passe de l'autre côté. Un jeune professeur du collège des jésuites se présente : des yeux indéfinissables dans un visage bien rasé lui donnent une allure de conquérant à la César. On s'aperçoit vite en effet qu'il a conquis tous ces jeunes : « Ostaz Fayez » par-ci, « Ostaz Fayez » par-là, c'est à qui lui fera admirer dans un sourire les ours frais émoulus du plâtre, son adresse au foot, ou la piste du grand jeu qu'il déchiffre. Pendant un mois, du matin au soir, la joie fuse à travers les eucalyptus.

Le Père B. me dit : « Je voudrais que nos élèves qui viennent se dévouer à ce quartier connaissent aussi les bidonvilles des chiffonniers. Essayez de les y amener un soir. » Il a raison, ces jeunes plus ou moins gâtés par la vie ont besoin de voir de près d'autres réalités.

Les voilà qui m'accompagnent : un certain Philippe me décharge avec courtoisie de mon sac toujours assez lourd ; il s'agit de démêler la question particulièrement ardue des inscriptions à l'école ; la signature des parents pose chaque fois problème : « Je ne sais pas signer. — Ça ne fait rien, affirme Philippe sans broncher. Crache d'abord sur ton pouce. Là, bravo ! » Il colorie gravement le doigt et d'une main décidée le colle à l'endroit précis. Nous sommes rentrés à 10 heures du soir, tout était heureusement fini

Sœur Ghislaine et moi sommes invitées à la fête qui clôture un mois de cris de joie. Nous sommes au temps des statistiques : « Fayez, vous avez atteint combien de gosses ? — Cent, mais une vingtaine de filles seulement. » Toujours la même constatation : quand arriverons-nous à libérer la femme, la petite fille ?

Les enfants sont assis sous les branches épaisses d'un immense sycomore. Son vénérable tronc est presque ébranlé par les hurlements de joie qui nous accueillent. Qu'y a-t-il de plus harmonieux sur terre que des cris d'enfants ? C'est de la vie qui fuse en gammes chromatiques.

La fête se déroule dans un calme relatif. Les petites filles dansent avec grâce sous les regards admiratifs des petits garçons. Elles avaient refusé avec énergie le jeu d'une farandole en commun : elles veulent que les deux genres, masculin et féminin, soient rigoureusement séparés. Le numéro qui provoque le plus d'émotion est celui où trois garçons doivent avaler en vitesse le fil qui les amène au paquet de petits-beurre. Au milieu des trépignements et des cris, le fil entre et sort des trois cavités buccales. Enfin, lorsque le premier atteint son but, les mains applaudissent tandis que les pieds trépignent de joie.

Le moment des récompenses arrive : les plus assidus et les plus habiles viennent chercher dans l'enchantement qui une minuscule auto, qui une petite poupée en plastique ; béatitude des pauvres, les voilà aux anges avec des jouets de quatre sous.

Agitation générale. Nâder, le jeune élève des jésuites, responsable des jeux, siffle pour obtenir le silence. Le Père B. va parler. Il a le don de se faire comprendre de tous les genres d'auditoires. Il leur explique qu'on s'est d'abord réunis pour se comprendre et s'aimer entre chrétiens et musulmans. Les enfants écoutent, graves. Certains vont encore partir pour un camp où, ô merveille, ils vont rester la nuit. « Quel est le but de toutes ces activités ? » Les gosses réfléchissent. « Nous apprendre à nous débrouiller. — Parfait, quoi encore ? — Nous préparer à entrer dans l'armée », lance avec résolution un gamin aux yeux sombres. « Très bien, oui, mais quoi encore ? — On ne sait plus. — Eh bien, voilà. Vous rendre capables d'animer vous-mêmes votre quartier. » Les gosses restent bouche bée, éblouis par ce nouveau rôle qui leur est dévolu.

Ils sont partis, sentant déjà sur leurs épaules une charge d'homme.

6
au jour le jour

Lettre aux « Informations catholiques internationales »

Cette revue, que j'apprécie particulièrement pour son ouverture au monde, a organisé un voyage en Égypte. J'ai eu l'occasion de contacter les participants. Voici la lettre que je leur écris :

« Mes bien chers amis, Ernest Milcent et Max,

C'est hier que je vous ai dit adieu au moment où les « Quatre-Vingts » s'ébranlaient avec vous et quittaient l'Égypte antique et moderne pour retrouver ce qui vous est cher en France et ailleurs. Permettez-moi d'abord de vous féliciter : vous n'êtes pas venus seulement en touristes curieux de spectacles exotiques, mais en hommes soucieux de connaître d'autres hommes ; un geste très simple l'a symbolisé, ces mains que quelques-uns ont tendues à un chauffeur de taxi ; il avait risqué sa voiture sur une mauvaise route pour qu'ils ne se fatiguent pas à la parcourir. Ce geste répondait concrètement au chant de la messe du matin, « les mains ouvertes devant Toi, Seigneur »... pour serrer aussi celles de nos frères.

Vous avez su aussi organiser des conférences sur le pays, qui accrochaient l'intérêt, malgré la fatigue des corps qui avaient tourné tout le jour à travers la ville.

Je voudrais maintenant me permettre de poser une question à vous, les « Quatre-Vingts » : vous êtes venus d'un pays de consommation passer quatorze jours dans un pays en voie de développement. Au moment où vous lisez ces lignes vous êtes de nouveau dans l'engrenage : oui ou non, quelque chose a-t-il été changé ? Cela m'étonnerait que vous viviez avec le même cœur léger au milieu de cette civilisation de luxe, tandis qu'à travers le monde plus d'un milliard de frères arrivent tout juste à vivoter.

Vous ne paraissez pas être de ces touristes qui fixent sur leur rétine le chameau plutôt que le chamelier, les vieilles pierres de quatre mille ans plutôt que les gosses qui voudraient vivre comme vos enfants. Vous avez ressenti un choc et je vous ai entendus discuter : « Que faire ? Comment agir sur l'opinion ?... Le point névralgique : les matières premières exigées à un prix dérisoire, depuis la banane et le cacao jusqu'au caoutchouc et au coton » (ne parlons pas du pétrole : c'est une matière trop... inflammable !).

Quelques-uns d'entre vous disaient : « Moi j'ai vraiment besoin de ma voiture. — Oh ! la mienne n'est qu'une quatre chevaux. — Et à quel organisme de secours s'adresser ? — Aux micro-réalisations du Secours catholique : un puits pour arroser les champs, du bétail pour refaire le cheptel, un équipement qui dépanne un village. — Dites donc, et les émigrés, il y a pas mal aussi à faire à nos portes, en Europe ! »

Ça faisait du bien de vous écouter en silence. Je venais de vous lancer à la tête pas mal d'invectives sur la pauvreté des uns et la richesse des autres. Citant mes auteurs, j'avais proclamé : « Qu'ils s'en saoulent et qu'ils en crèvent ! », comme disait Pascal. Ce n'était pas très aimable, d'autant plus que vous étiez là, si ouverts, si disposés à comprendre et à partager. Il faut excuser la vieille chiffonnière qui voyait derrière vous votre peuple trop bien nanti.

La Bible compare le visage de celui qui partage au « soleil en plein midi » ; si vous en avez emporté quelques rayons d'Égypte, vous allez en brûler le monde !

D'avance, bravo ! »

Il allait se faire tuer pour moi

C'est un samedi. Sœur Ghislaine m'attend en ville à 2 heures. Mais quitter les chiffonniers n'est pas toujours facile. Samia m'arrive : « *Ableti,* regarde mon genou. » Pansement fini, partons. Je fais deux pas dans la ruelle. Mahmoud m'appelle de loin : « *Ableti, Ableti !* » Je me retourne. Il m'amène sa petite sœur : sur le bras, une plaie remplie de pus. Pommade ichtyolée, pansement. Partons. J'avance rapidement. De sa porte Om Samir crie : « Viens voir Samir. » L'enfant brûle de fièvre. Je suis inquiète. « Écoute, Om Samir, je ne suis pas doktora. Le petit doit voir un docteur. Aujourd'hui, tu comprends, aujourd'hui. » Elle me promet de le porter au village voisin.

J'arrive près de la gare, il est 2 heures. Le train du Caire arrive, je me précipite. Il faut traverser la voie. De l'autre côté, le train du Merg avance : mais j'ai juste le temps de passer. Vlan, mon pied s'accroche, je tombe au milieu des rails. La locomotive roule à toute vapeur. Étourdie par le coup, je n'arrive pas à me relever. Soudain, je me sens saisie par les épaules et traînée hors des rails. Le train est passé à mes côtés.

Et Sœur Ghislaine qui m'attend à 2 heures ! Un merci haletant à mon sauveur et je saute dans le train du Caire. Je reprends peu à peu mes esprits. Quelqu'un allait se faire tuer pour moi, je l'ai à peine regardé, à peine remercié. Quelle honte ! Il faut à tout prix que je le retrouve.

Le lundi, j'interroge quelques personnes à la gare : « Étiez-vous là quand j'étais sous le train ? — Non. — Non... non. » Enfin quelqu'un me répond : « Ah ! oui, c'était toi ! — Connais-tu celui qui m'a sauvée ? — Non, mais ce doit être un élève de l'école normale d'ici. » J'y entre et demande le directeur. Je lui expose l'affaire. « Samedi, 2 heures... la deuxième année est sortie plus tôt. » Il envoie quelqu'un en classe. Un jeune homme entre : des yeux francs, un visage expressif, des épaules droites, sympathique de la tête aux pieds. Il raconte simplement : « Oui, quand je t'ai vue sur les rails, je me suis rappelé mon père : premier devoir, aider l'autre. — Comment t'appelles-tu ? — Mohamed Fauzy. » Je lui serre chaleureusement la main, les professeurs applaudissent. Il repart avec la même simplicité. Que pourrais-je lui offrir ? Un bon stylo avec un bic : c'est ce dont rêvent la plupart de nos élèves qui ne sont pas fortunés.

La semaine suivante, en remettant à Mohamed ce cadeau

si simple, je lui dis : « Je voudrais connaître ton père... ta mère. » Il en est tout joyeux. On se donne rendez-vous pour le samedi. J'arrive avec lui dans un des tout petits appartements des H.L.M. Avant d'entrer, il m'avait prévenue. « Tu sais, je n'ai rien dit à mes parents. Quand on fait le bien, ça doit rester caché. » Je me trouve en face d'un bon gros homme à la face ruisselante de bonté. Je le félicite au sujet de son fils. « Il n'a rien fait d'extraordinaire, répond-il, nous sommes tous enfants de Dieu, donc nous devons tous nous aider les uns les autres. » Jésus parle par la bouche de ce musulman.

Nous avons partagé le pain et le sel

Les vacances étaient arrivées. Je savais que mon jeune sauveur, Mohamed Fauzi, comme la plupart des étudiants, voulait apprendre parfaitement l'anglais. Je vais chez lui pour lui proposer de profiter des vacances pour suivre des cours en ville.

« As-tu dîné ? demande la maman. — Oh ! j'ai déjà pris un sandwich aux fouls. — Tu vas manger avec mon mari. » Sur une petite table ronde elle apporte un simple repas : aubergines aux tomates, oignons crus, feuilles de salade. Il est 3 heures, elle ne prend rien car elle a déjà dîné, m'explique-t-elle. Mais tout à coup je la vois arriver avec du sel. Elle prend un morceau de pain, le plonge dans le sel et le porte à sa bouche. Puis elle me dit dans un sourire : « Nous sommes maintenant amis à jamais : nous avons partagé le pain et le sel. »

Je pense au livre du Père de Beaurecueil qui porte ce titre ; de l'Afghanistan à l'Égypte, le partage de cette nourriture de pauvre est comme un sacrement : l'amour y chante. La différence de race, de religion disparaît : des frères sont assis côte à côte, dans une nouvelle communion. Le Père de Beaurecueil affirme que le Christ est là, lui aussi.

Mon jeune ami Mohamed est enchanté de pouvoir suivre des cours d'anglais. Je pars en ville l'inscrire. A la fin des vacances, je le revois. Il a l'air fatigué. « Alors, Mohamed, et l'anglais : *Do you speak english well now ?* » Il me répond tristement : « J'ai à peine commencé les cours. — Tu étais malade ? — Pas moi, mon père. Il pouvait seulement travailler à mi-temps. — Alors ? — Alors, je me suis engagé comme répétiteur d'élèves de primaires qui avaient des examens de repasse. — Toute la journée ? — Oui, il y avait deux périodes : les uns venaient le matin ; les autres, dans la soirée. Je n'avais plus de temps. — Tu parais bien fatigué, Mohamed. — Oui, me répond-il dans un sourire, mais j'ai permis à papa de se reposer. »

Partager le pain et le sel dans cette famille, c'est recevoir la « baraka », la « bénédiction ».

Il fallait la tuer

De charmantes jeunes filles du Caire viennent parfois passer une matinée ou un après-midi chez nos chiffonniers. Les enfants sont enchantés de voir une grande amie s'asseoir à leurs côtés, les aider à lire ou à ourler leur culotte. L'une de ces aides dévouées me racontait parfois avec candeur ses aventures ; elle appartenait à un milieu très fermé et, par dépit, se laissait de temps à autre inviter en secret par quelque jeune inconnu : « Nous allons aux pyramides, il m'offre un Coca-Cola, il n'y a rien de mal à ça ! » Évidemment, mais... Nous avions plusieurs fois longuement causé, j'essayais d'éclairer sur la vie cette fille si fraîche et naïve.

Un jour, sa mère affolée arrive dans ma cabane : « Ma fille est-elle ici ? — Non, je ne l'ai pas vue depuis assez longtemps. — Elle n'est pas rentrée hier soir à la maison... » Je tremble pour ma jeune amie. L'histoire court chez les chiffonniers. Labib me dit : « Si elle rentre, son père va la tuer : l'honneur doit être vengé ! » Elle est arrivée chez elle une semaine après, comme un oiseau blessé. Ce n'était plus aux pyramides qu'on l'avait invitée : on l'avait enfermée dans une maison à fenêtres clouées... Son père ne l'a pas tuée. Il a perdu, remarque Labib, les habitudes de la Haute-Égypte.

Une de mes petites m'a un jour raconté l'histoire de sa sœur. Elles habitaient à cette époque non loin d'Assiout, dans le haut pays : le village était composé surtout de chrétiens, mais comptait aussi quelques familles musulmanes. Le père, Deif, apprend un jour qu'on a vu son aînée causer avec un certain Mohamed. Il la plante devant lui : « Est-ce vrai ? — Oui, répond la petite avec courage, je l'aime, nous voulons nous marier. » Pour toute réponse, il saisit un fouet de cheval et la laboure de coups. Elle tombe au milieu de gouttes de sang. Il la pousse du pied : « Ça t'apprendra, chienne, à aimer un musulman. »

Mais cette nouvelle Juliette est indomptable, elle s'arrange pour revoir parfois son Roméo-Mohamed. Personne ne l'empêchera de l'épouser ; les oncles viennent un soir conférer avec le père. L'honneur de la famille est en jeu. Si elle ne cède pas, il faut la tuer. Deif est d'accord. Mettons-nous les trois ensemble : la peine de prison, divisée en trois, sera moins lourde pour chacun.

Les premières heures de la nuit s'écoulent lentement. Les trois hommes sont assis par terre devant la porte. Tout dort dans la petite maison de torchis. Ils s'approchent de Noura, menaçants. Ils l'interpellent à voix basse : « Jures-tu de le laisser à tout jamais ? — Non. — Tu vas mourir. » Elle le sait, mais elle préfère la mort à la vie sans Mohamed.

On lui jette une couverture sur la tête, elle suffoque. « Tu le laisseras ? » Un hoquet étouffé : « Non. » La couverture s'enfonce dans la bouche : « Tu le laisseras ? » La tête remue faiblement : « Non. » Quelques minutes d'attente, les six mains desserrent leur étreinte. Elle gît, inerte. Elle s'appelait Noura (« Lumière »). La lumière s'est éteinte, mais l'honneur est sauvé.

Deif est revenu de prison. J'ai eu plusieurs fois l'occasion de le voir. Lorsque sa femme lui eut donné un petit garçon, il le tenait délicatement dans ses bras. Il paraissait l'homme le plus doux du monde.

Le poste de police

Je passe parfois devant un poste de police. Je vois chaque fois, assises sur le trottoir d'en face, des femmes vêtues selon la coutume de l'ample melaya noire (sorte de voile très large qui les couvre tout entières). Les visages changent, mais c'est toujours le même regard angoissé fixé sur la porte du poste de police. Souvent, un bébé est accroché au sein, un autre à la jupe.

J'en ai compris le mystère le jour où le fourgon cellulaire est arrivé au moment où je passais. Les malheureuses sont là, haletantes : mari, père ou fils va-t-il y être jeté pour partir vers la prison lointaine ou sera-t-il relâché ? Une haie d'agents empêche tout contact. Pourtant, parfois, une femme arrive à se faufiler jusqu'à la voiture pour un dernier regard, un dernier mot. Puis le fourgon s'ébranle, les femmes se lèvent en silence, ramènent la melaya sur le visage et disparaissent.

Non loin de là se trouve une villa magnifique avec jardin. Les murs ont été repeints à neuf, la porte d'entrée renouvelée dans un style moderne. « C'est, m'explique-t-on, un multimillionnaire. — Il a un bon commerce ? de coton ? — Mais non, qu'est-ce que c'est que le coton ? Il est trafiquant de hachisch. — Mais c'est défendu par la loi. — Bien sûr, c'est pour ça que ça rapporte. Il paye à droite et à gauche, il a de hautes protections, on ne peut pas le toucher. On rafle les petits revendeurs et on les fourre en prison. Lui roule en Mercedes, voyage à l'étranger, etc. »

Même histoire dans tous les pays du monde. Certains gros pépères, voleurs de millions, se prélassent, tandis que de pauvres bougres se font coffrer.

Mais patience, un jour viendra où justice se fera. L'Apocalypse nous montre l'effondrement soudain de Babylone la grande et ses trafiquants gémissant : « Hélas, hélas, immense cité... parée d'or, de pierreries et de perles, une heure a suffi pour ruiner tout ce luxe. »

Et même si ton luxe devait être éternel, ô Babylone la grande, il y a encore sur notre planète pelée des hommes qui préfèrent les masures de Harlem et les bidonvilles des Algériens de Paris aux gratte-ciel de New York et aux hôtels des Champs-Élysées. Il y a encore des hommes qui, pour secourir d'autres hommes, n'hésitent pas à risquer la prison et la torture.

Il y a deux mille cinq cents ans Platon avançait tranquillement : « Enfermé dans un bœuf d'airain brûlant (à la mode du temps) le juste est plus heureux que le tyran qui l'y jette. » Évidemment, il n'écrivait pas cela de l'intérieur, mais on le remercie tout de même de l'avoir proclamé.

Ne t'ai-je pas pardonné ?

Je viens à peine de rentrer, ce samedi soir, dans ma fraternité de Matareya. Marie vient me chercher : « Ma Sœur, venez donc réconcilier Samira avec sa mère. Peut-être qu'elle vous écoutera. » Je la suis. J'arrive dans la minuscule H.L.M. qu'elle habite : petits appartements d'une chambre et d'une entrée où s'engouffrent parfois une dizaine de personnes.

« Bonjour, Samira, comment vas-tu ? — Très bien. — Tu ne parles plus à ta mère ? » Gênée, elle se tait un moment : « C'est la faute de ma sœur, reprend-elle. — Pourquoi ? — Elle a absolument voulu que ma mère lui achète un bracelet de quarante livres. — Et après ? — Après... ma mère n'avait plus d'argent : je lui ai demandé vingt livres pour des briques (elle construit une petite maison), elle me les a refusées. — C'est la faute de ta sœur, pourquoi être fâchée avec ta mère ? » Marie explique : « Samira, furieuse, a tellement injurié sa mère que celle-ci lui a répondu. Oui, elle m'a dit des mots... » Elle me les lance en colère. Je ne comprends pas leur sens. Marie sourit. « Vous ne connaissez pas les injures en arabe, ma Sœur ! Je ne mettrai plus jamais les pieds chez ma mère ! Jamais. » Soudain, Marie à une inspiration : « Tu accepterais de venir chez la Sœur ? — Bien sûr, elle a la baraka. — Et si ta mère t'y trouve ? — Non, je n'irai pas », dit-elle, butée.

Il n'y a rien à faire. Allons voir sa mère. Nous nous trouvons devant une brave femme qui, douloureuse, me répète à son tour les injures de sa fille, dont je ne comprends pas le sens. C'est tellement fort que Marie ne peut me les traduire. « Voyons, veux-tu venir chez moi ? — Oui. — Et si nous obtenons que ta fille vienne ? » Une larme dans les yeux : « C'est ma fille, je l'aime. » Nous partons. Nous sommes accueillies par Sœur Ghislaine, qui offre des rafraîchissements.

Marie est allée chercher Samira. Contre toute attente, elle

l'amène. En pleurant, les deux femmes s'embrassent. La mère part en s'appuyant sur le bras de sa fille.

« Marie, comment avez-vous obtenu ce miracle ? » Elle hésite un peu et nous raconte : « Ce n'est pas un secret, tout le monde le sait chez nous. — Quoi donc ? — L'histoire de Samira. » Elle nous raconte alors tout ce qu'elle a souffert il y a quelques années avec Samira. Son mari, assez volage, avait remarqué cette jeune femme rieuse qui habitait avec son mari et ses enfants l'appartement à côté. Elle n'avait pas tardé à tomber dans ses bras. « Quant à moi, j'étais de plus en plus battue. Mais je devais supporter à cause des enfants. Je priais la Vierge qu'elle sauve mon mari. Un jour, il est rentré et il m'a dit : ''Je reviens de l'église, je me suis confessé, je te promets que je n'aurai plus de rapports avec cette femme.'' Un mois après, il est tombé malade et il est mort à l'hôpital. Après, j'avais pardonné à Samira, je lui gardais ses enfants, je l'aidais. Aujourd'hui, je lui ai dit : ''Regarde, je ne t'ai pas pardonné l'histoire de mon mari ? Et toi, tu ne pardonneras pas à ta mère ?'' Alors, elle a pleuré et elle m'a suivie. »

Cœurs d'enfants

Marie est donc restée veuve avec ses enfants. Elle travaille pour les élever. Mais c'est dur. Un soir d'hiver, les petits lui demandent : « Maman, on voudrait des mandarines. » Ce n'est pas trop cher, cinq piastres le kilo (cinquante centimes). L'argent en main, ils se précipitent dehors. Ils reviennent bientôt les bras vides.

« Eh bien, mes enfants, qu'est-ce qui se passe ? — Oh ! maman, la pauvre femme tremblait de froid avec ses enfants, nous lui avons laissé l'argent. — Moi, dit Wafa, onze ans, j'ai trois robes, c'est trop, j'en donne une. — Moi, j'ai deux pyjamas, dit Marie-Cécile, sept ans, je peux en donner un. » Chacune tire de son lit la petite caisse où sont rangées ses affaires. « Et moi j'ai une orange », dit Youssef, quatre ans. Et les trois enfants se précipitent de nouveau dehors avec leurs dons. Marie les a laissés libres. Elle connaît son Évangile :

« Que celui qui a deux tuniques partage avec celui qui n'en a pas. »

Quant à Marie-Cécile, elle revient tous les jours de l'école, vers 4 heures, affamée. Pourtant, se dit sa mère, je lui donne à emporter un gros sandwich. Wafa, enfin, avoue : « Maman, Marie-Cécile voit le pauvre qui est au coin et lui donne chaque jour son sandwich. — Oh ! oui, maman, tu sais, il a plus faim que moi. »

« Si vous ne devenez comme ces petits, vous n'entrerez pas dans le Royaume », dit le Christ. Mais, Seigneur, ce n'est pas facile d'avoir le cœur de Marie-Cécile : la vie est dure, elle nous endurcit.

Par la grâce de nos enfants, Seigneur, fais-nous retrouver notre cœur d'enfant.

Comme une bête

Linda est une simple femme du peuple, démunie de tout, restée seule avec quatre enfants. Elle vient me voir.

« C'est pas facile d'être veuve, personne ne vous défend, on est attaquée de partout, même là où on attendait autre chose. — Et vos amis, Linda, qu'en dites-vous ? — Mes amis ? Eux aussi, comme ça, tout à coup, deviennent comme une bête. Je devais l'autre jour aller voir Ibrahim qui m'aide pour mes papiers. Vous le connaissez ? — Bien sûr, c'est le meilleur homme du monde, ça se voit même sur son visage. — Oui, oui, attendez un peu. J'arrive dans son bureau. Il était assis devant et moi de l'autre côté. Je lui apporte les papiers, il les regarde à peine, ses yeux se fixent sur moi : tout à coup il se lève et sa figure... eh bien, c'était comme une bête ! »

Pour me montrer, elle prend soudain son visage entre ses mains et lui donne un air bestial qui impressionne. « Je lui dis : "Monsieur Ibrahim, ne faites pas comme ça, n'avancez pas, Dieu est là. — Et moi, est-ce que je suis pas un homme ?" qu'il me répond. J'avais peur, peur. Alors, j'ai appelé la Sainte Vierge : "Vite, vite, venez. Je suis seule avec cette bête." Eh bien, vous savez, elle m'a vite aidée. Voilà qu'au même instant un enfant est entré : j'ai besoin d'un cahier, monsieur Ibrahim. C'est vrai qu'en général il est très bon. Je ne sais plus s'il est bon, moi, ce que je sais c'est que soudain sa figure a changé devant l'enfant, et moi j'ai vite couru dehors. Des histoires comme ça j'en ai, mais chaque fois j'appelle la Sainte vierge et elle me sauve de toutes ces bêtes. »

Son visage, troublé tandis qu'elle me racontait cette histoire, reprend sa sérénité.

Un jour, elle était venue coudre avec une autre veuve. Soudain je l'entends proposer : « Disons le chapelet. » Et lentement, tandis que ses pieds font tourner la machine, ses lèvres gercées redisent : « Je vous salue, Marie, pleine de grâce. » La pièce résonne de ce double bruit.

Pierre de La Gorce écrivait dans son volume sur la Révolution française : « Pendant que la déesse Raison trônait à Notre-Dame, les prières simples que murmuraient de pauvres femmes sauvaient le christianisme. » Tant que tu vivras, Linda, avec celles qui te ressemblent, des bêtes seront muselées et la terre ne sera pas vide de Dieu.

Des pierres et des baisers

Il arrive parfois que de petits Mohamed ramassent des pierres et les jettent sur la soutane ou la robe religieuse. Le tout c'est de ne pas s'émouvoir. Trois gosses m'avaient ainsi un jour traitée. Je me retourne, ils s'enfuient à toutes jambes. J'en rattrape un... et je lui offre un bonbon. « Pourquoi agis-tu ainsi ? Est-ce que je t'ai fait du mal ? Tiens, voilà encore deux bonbons pour tes amis. »

Je m'en vais. Bientôt j'entends des pas qui courent derrière moi. Les trois gosses, essoufflés, m'ont rejointe : « Écoute, pardon, on ne savait pas ce qu'on faisait. » Je leur souris et les embrasse. Depuis ce jour, nous sommes devenus amis.

Dans un autre endroit, des petits bonshommes pas plus hauts que trois pommes ramassent des cailloux pour me les lancer. Je vois alors une petite fille qui se précipite vers moi.

Elle me saisit la main et l'embrasse avec effusion. N'est-ce pas ravissant ?

Apprendre à nos enfants à aimer, à aimer à travers les divergences de religion, nationalité, couleur de peau, etc., leur faire redire avec Antigone : « Je suis faite pour l'amour et non pour la haine. » Quand tous les enfants du monde se donneront-ils la main ? Alors la terre pourrait devenir un paradis où les pierres se transformeraient en baisers !

Bédouines

Je pense intéresser mes lecteurs en racontant ici la vie des Bédouines qui m'ont procuré une sorte d'initiation à celle que j'allais connaître ensuite auprès des chiffonniers.

A quelque quarante kilomètres d'Alexandrie verdoie, au milieu des sables, l'oasis de Mariout. Proches des villas disséminées à travers les palmiers, les tentes des Bédouins sont plantées dans le désert. Avec un groupe de Sœurs de notre collège d'Alexandrie je suis venue me reposer quelques jours dans une belle habitation prêtée par des amis.

Le contraste entre notre vie confortable : eau, électricité, demeure agréable, nourriture variée, etc., et la leur privée de tout cela est intolérable. C'est vite dit : « Ils y sont habitués. » Les femmes préféreraient certainement ouvrir un robinet plutôt que de s'en aller, un bidon sur la tête, chercher l'eau à une lointaine fontaine. Qui ne laisserait immédiatement le pétrole pour l'électricité et la casserole sous le lit pour le réfrigérateur ? Quelques filles tissent sous la tente un tapis aux couleurs artistement variées avec la laine de leurs chèvres, mais la plupart ne savent rien et sont oisives.

Profitons du reste des vacances. Plutôt que de rentrer à Alexandrie, je vais essayer avec quelques-unes de mes anciennes élèves de leur enseigner un peu de couture et d'écriture. On me dissuade à qui mieux mieux. « Elles sont toutes voleuses, sales, ignorantes et par-dessus le marché heureuses de vivre dans leur saleté et leur ignorance. » Voilà qui est encourageant. Mais, à écouter ces sombres jugements, on se demande pourquoi nous ne sommes pas dans des cavernes vêtues de peaux de bêtes, puisque l'homme est si satisfait de sa vie primitive.

Nous commençons par la visite des tentes. On s'assied par terre, on boit de temps à autre le verre de thé, et on devient vite amis. Les filles sont enchantées de venir apprendre quelque chose. Mais attention, il ne faut pas qu'elles soient en âge d'être mariées : après douze ou treize ans, défense absolue de sortir de la tente, sauf pour aller chercher l'eau.

Le jour de la première leçon est arrivé : les maîtresses sont aussi émues que les élèves. Celles-ci sont touchantes de bonne volonté. On va commencer par faire une culotte qui sera à elles quand elles l'auront terminée. Si l'on devient assez habile, on se coudra une robe et on brodera ensuite un mouchoir. Le programme est chargé, car on apprendra aussi à écrire son nom et chaque jour on aura une petite leçon de morale et de secourisme avec les moyens du bord.

Nos Bédouines manquent souvent de patience et jettent à la tête de leur jeune maîtresse la culotte qui n'en peut mais. « J'en ai assez, je m'en vais ! » On m'appelle : « Venez par ici, ma Sœur, Mabrouka veut partir. » Je regarde l'ourlet. « Mais ce n'est pas si mal, Mabrouka, dans quelques jours tu deviendras très habile. Attends, je vais t'avancer un peu ton travail. » Elle sourit et se rassied.

Quand le moment de se faire une robe arrive, c'est du délire. Il a fallu pas mal les aider pour les terminer, mais enfin, on y est arrivé ; nous ne pouvions pas partir avant que chacune ait pu revêtir le travail de ses mains.

La morale accroche aussi leur intérêt, en partant de données bien concrètes. Qui a créé le palmier ? Réponse en chœur : *Rabbena*, Dieu. Il a créé aussi le chameau, lance Mabrouka, et les poules et les chèvres, ajoute Zayneb. On monte jusqu'aux étoiles avec le soleil et la lune. Avec ce sens de la transcendance de Dieu que possèdent les habitants du désert, nos Bédouines s'émerveillent de toutes les beautés de la création et en remercient le Seigneur.

Elles sont d'une spontanéité charmante. Non, il ne faut pas mentir. Fatma est très menteuse, plus personne ne veut la croire, qu'est-ce qu'elle a gagné ? Quand on vole les œufs de la voisine, ce n'est pas bien. Pourquoi ? On cherche ensemble. « Parce que Dieu est juste, s'écrie Fatma, alors il ne veut pas qu'on soit des voleuses. »

Et quand on a trop mal au ventre ? On fait couler du sable, devenu brûlant au soleil, dans un sac et on le met sur son ventre. Ce procédé simple les ravit. Et les yeux ? On prend un chiffon propre, on le trempe dans du thé sans sucre, et voilà une bonne compresse pour les yeux. Et pour la diarrhée ? L'eau de foul (fèves), leur nourriture quotidienne, etc.

Chacune nous veut sous sa tente. Nous profitons de la tournée de l'après-midi avec les médicaments pour nous arrêter chez elles. Gouttes dans les yeux, aspro pour la fièvre, mercurochrome ou pommade noire sur les nombreuses plaies vite infectées par les mouches, on nous appelle de tente en tente.

Nous arrivons chez le père de Zeyneb. Il est assis sur sa natte, en train de psalmodier le Coran. Nous attendons qu'il ait fini. Il nous raconte avec complaisance : « J'ai cent vingt ans, je suis né sous cette tente du temps de Saïd pacha. Mariout était désert. Je l'ai peuplé de mes enfants et petits-enfants. — Combien as-tu d'enfants ? — Oh ! je ne sais pas. Je me suis marié une quinzaine de fois », ajoute-t-il avec simplicité. (J'ai entendu dire qu'il enterrait ou renvoyait ses femmes tour à tour.) « La dernière que j'ai épousée est la maman de Zeyneb. » Comment cette petite fleur du désert, la plus intelligente et la plus jolie de toutes, peut-elle être la fille de ce centenaire cacochyme ? Zeyneb nous explique que si quelqu'un ouvre la radio sur un autre poste que le Coran, son père la jette par terre pour la briser.

Quand nous revenons quelques mois plus tard, Zeyneb est sur le point de se marier. Elle a treize ans, lui quinze. Mais c'est elle qui paraît devoir mener la barque. Elle lui explique : « Je ne veux pas vivre sous la tente. Tu dois nous faire une petite maison bien propre. Je commence à savoir coudre. Achète-moi une machine et je vais faire les robes du pays. Je gagnerai de l'argent pour arranger la maison... »

Mais la fille qui m'inquiète le plus, c'est cette pauvre Mabrouka. J'essaie de comprendre pourquoi elle est si instable. Allons la voir chez elle. Alors tout s'explique. Nous nous trouvons devant une jeune femme à l'air peu commode.

C'est la marâtre, car le père a renvoyé la mère de Mabrouka, mais il a gardé la fille pour servir sa nouvelle femme.

Quand je suis partie chez les chiffonniers du Caire, il a bien fallu laisser les Bédouines de Mariout. Mais elles ont eu la chance de voir Sœur O., fille de la Charité, les prendre en charge. Repassant un jour par Alexandrie, je vais les visiter. Sœur O. me montre mille merveilles réalisées par ces filles du désert : dessins, broderies, sacs, etc. Chacune travaille d'après son inspiration. Mes yeux tombent sur un sujet d'une grâce charmante. J'y lis le nom de Mabrouka. « Comment, notre écervelée de Mabrouka ? — Hé oui, parfaitement. » Sœur O. m'explique qu'elle a beaucoup laissé travailler l'argile aux filles. Mabrouka s'est défoulée à travers ce genre de travail dont elle raffolait ; petit à petit, sa nature fine d'artiste s'est révélée.

Je me dis en moi-même : « Ces filles de Saint-Vincent, elles en ont de ces réussites ! Mais quand quelqu'un viendra se plaindre de sa belle-mère je lui passerai le tuyau : "Défoulez-vous avec l'argile ! Et qui sait, après, vous produirez des chefs-d'œuvre !" »

Mme Hatinguais

Comment ai-je connu Mme Hatinguais ? Oh ! il y a bien longtemps de cela, je me trouvais en Turquie ; j'étais sur le point de partir pour Paris revoir ma famille après bien des années. Mais je veux aussi en profiter pour me recycler : tout change, même la vieille Sorbonne !

Quelqu'un me conseille : « Le meilleur de Paris, vous le trouverez à Sèvres, au lycée pilote et au Centre international d'études pédagogiques, fondés par l'incomparable Mme Hatinguais. »

Paris, gare Montparnasse, Sèvres. Je dégringole un sentier rustique. « Le lycée ? — C'est là, ma Sœur. » J'entre ; une volée d'enfants m'entourent et avant même que je n'ouvre la bouche : « Vous cherchez le Centre, ma Sœur ? On va vous y conduire. » Nous passons par une salle où des élèves s'exercent au judo. Je m'arrête quelques instants. Saluts de courtoisie, puis les deux corps entrent en lutte : rien de brutal, les éphèbes grecs l'auraient aimé.

J'entre au bureau de Mme Hatinguais. Je rencontre soudain un sourire et une lumière : tout vous accueille en elle, depuis les yeux lumineux, transparents comme une source, jusqu'aux lèvres qui s'ouvrent pour un rayonnant sourire. Je suis entrée chez une inconnue. Je me trouve chez une amie.

Elle me fait tout de suite inscrire à une session pour professeurs de français à l'étranger. J'assiste à une leçon type de Mme Stourdzé sur *Le Petit Prince* : c'est un feu d'artifice, elle paraît jongler avec les expressions les plus simples, accessibles à des étrangers, pour faire éclater les éclairs de la pensée. Mme Hatinguais nous parle à son tour ; son thème : comment éduquer, *ex-ducere*, faire jaillir les richesses cachées dans l'enfant. J'ai l'impression d'écouter Socrate et sa Maïeutique. Cette intellectuelle ne se perd pas dans l'abstrait : certains élèves apparemment peu doués pour les études se révèlent soudain de délicats artistes. Elle nous fera visiter leurs réalisations. Mais pour faire jaillir la vie, il faut d'abord aimer :

« Il faut nous aimer sur terre
Il faut nous aimer vivants. »

Ces mots de Paul Fort chantent sur ses lèvres. Elle les développe avec une telle vibration de joie que nous en sommes comme inondés.

Elle veut ensuite nous conduire elle-même à travers les salles où sont exposés les travaux d'élèves plus ou moins considérés comme incapables. Avec l'amour et la fierté d'une mère, elle nous fait admirer de petits chefs-d'œuvre de dessins, peintures, céramiques, etc. J'entends un Laotien, ébloui, dire à un Brésilien : « Ça, c'est beau ! »

Elle m'invite ensuite à dîner dans son appartement privé, avec une de ses anciennes élèves d'Alger. Celle-ci lui raconte avec passion comment elle a combattu pour la libération de son pays. Mme Hatinguais l'écoute avec attention, de temps en temps seulement elle relève telle expression outrée, mais avec un tel humour que notre ardente patriote en rit elle-même. Elle me pose aussi mille questions sur la jeunesse turque, qu'elle a eu l'occasion de connaître et d'aimer.

Sa fille Jacqueline vient d'entrer, nous causons : c'est une heure précieuse. Les lobes de mon cerveau, qui s'étaient desséchés en certaines de leurs circonvolutions (ô mon professeur d'anatomie cérébrale !) à travers les contrées lointaines, sont soudain rafraîchis.

Quelle semaine enrichissante ! Je repars, rajeunie de cœur et d'esprit. De temps en temps j'envoie à Mme Hatinguais une des lettres relatant les réalisations de mes élèves ou les efforts tentés chez les Bédouines. L'éveil de ces filles du désert l'intéresse particulièrement. Puis c'est pour la promotion des chiffonniers qu'elle m'envoie ses encouragements toujours si pleins de cœur.

Un jour, une grande enveloppe blanche m'arrive. Elle contient le faire-part du décès de Mme Hatinguais. En première page : des fleurs dans un vase, au-dessous, ce passage du prophète Jérémie : « Je vois une branche d'amandier... cet arbre qui veille... et s'éveille le premier ; ainsi veille l'Éternel et l'Éternel est l'Amour... » Je sens comme une présence vivante à côté de moi, qui me parle : « Ma Sœur, il faut aimer, aimer jusqu'au dernier soupir. » J'ai répondu : « Oui, comme vous, madame Hatinguais. »

Et depuis ce jour, il me semble qu'elle visite parfois la pièce où nos chiffonniers, petits et grands, s'exercent à lire et à écrire, car « l'Amour demeure au-delà de la mort ». C'est elle qui a tissé ce profond lien d'amitié entre le cher M. Hatinguais, ses deux filles et la chiffonnière avec ses chiffonniers.

Voici ce que m'écrivait dernièrement l'érudite Jacqueline : « En langue latine, souvent ambivalente en ses vocables, "cento" désigne la couverture faite de pièces et de morceaux "rapetassée" avec dextérité : ce genre de couverture imprégnée d'eau étant l'adjuvant favori des pompiers romains, le "centonarius" était soit chiffonnier, soit chef de la brigade des pompiers, soit les deux ensemble. Voyez comment ce terme de "centonarius" pourrait être de bon augure pour les chefs de file de votre œuvre ! »

Comme c'est utile de connaître ses auteurs : faute de pompiers dans notre bidonville, je vais me munir d'une « cento » rapetassée avec de vieux chiffons (c'est notre spécialité) et hop ! si le feu éclate ici ou là, je cours avec... et si mes chiffonniers m'imitent, nous pourrons fonder un corps spécialisé et offrir nos services là où les pompes à incendie sont encore inexistantes.

Mais attendez, ce n'est pas tout. Jacqueline ajoute : « Pensez-vous parfois que l'expression latine de la réflexion la plus poussée — métaphysique en dernier ressort — est ce verbe "scrutari" qui signifie à l'origine "fouiller dans les poubelles" et qui, ennobli par Sénèque, a fini par signifier : "sonder l'inconnaissable" ou "le mouvant déconcertant" comme la conscience humaine?... »

Ya salâm ! Je dois avouer à ma honte que mon pauvre petit cerveau n'a jamais conçu des pensées aussi profondes. Mais vraiment, ça mérite qu'on s'y arrête : en se penchant sur sa poubelle, Sénèque a été amené à « sonder l'inconnaissable... de la conscience humaine». Ces Romains, tout de même, c'étaient des réalistes.

Alors, dis-nous, Sénèque, les chiffonniers et moi qui vivons au milieu des poubelles, nous sommes en pleine pâte humaine...? Ô philosophie, jusqu'où nous mèneras-tu?

Ils l'ont tué, les trois copains. Pourquoi?

(Bouleversée par l'événement, j'ai tracé ces lignes, encore chaudes du sang de Ba'azak. Aujourd'hui encore, je ne sais si je pourrais les écrire plus calmement.)

Ils l'ont tué, il avait dix-huit ans, il s'appelait Ba'azak... Il ne demandait qu'à vivre. Ils l'ont tué, les trois copains. Pourquoi?

A quinze ans, il était arrivé chez les chiffonniers. « Hop! avance, mon âne. » Il partait à la poubelle; on l'aimait, il était honnête, brave petit, toujours prêt au travail.

Ils l'ont tué, Ba'azak... Pourquoi? Tu ne demandais qu'à vivre. Comment ça a commencé? C'était il y a cinq jours, le 11 février, tu étais revenu fatigué de ces milliers de marches d'escalier que tu avais grimpées. Le soir, les trois copains t'ont dit : « Yallah, on va au café. » Où aller, Ba'azak, pour te distraire? Ton taudis en bidons troués est sans fenêtre, comme tous les autres. Tu y couches avec tes trois copains.

« Yallah, on y va. » On s'attable, on boit l'alcool à brûler, c'est le moins cher, à 6 piastres le litre. « Yallah, les cartes. » On joue, on boit, l'alcool brûle les gorges, les cartes brûlent les yeux. Il est minuit, on joue encore. Pour ton malheur, Ba'azak, tu as gagné. « Yallah, j'ai gagné, vous me devez 50 piastres. » 50 piastres ! le gain de deux journées de travail de charretier. Les gars tremblent de colère. « Jamais, espèce de voleur ! » Les injures pleuvent. Attention, Ba'azak, l'alcool voit rouge. Mais toi, tu veux ton argent ; était-ce pour ton vieux père ? ou pour boire encore ? On ne le saura jamais. Enfin, la haine dans les yeux ils te jettent tes sous. Il reste 10 piastres. « Yallah, mes 10 piastres. — Ça jamais. » Les quatre copains, titubant, criant de rage, quittent le café pour aller s'affaler ensemble dans leur taudis. Attention, Ba'azak, l'alcool voit rouge. Ne t'endors pas, ne t'endors pas, Ba'azak ! La lampe à pétrole vacille et s'éteint. Ba'azak s'est endormi. C'est le noir. Des lames de couteau ont lui... « Yallah, tu ne les réclameras plus, tes 10 piastres. » Non, tu ne les réclameras plus, Ba'azak, jamais. Les trois copains, maculés de sang, lourds d'ivresse, se sont endormis... Les quatre corps gisent côte à côte.

Il est 4 heures, Om Karima, qui fait travailler les quatre copains, vient les réveiller : « Yallah, debout, aux voitures ! » Lampe à pétrole à la main, elle est sur le seuil... ses pieds sont gluants... elle regarde : Ba'azak, les trois copains, ses pieds, tout est rouge de sang. « Ba'azak, Ba'azak. » Rien ne répond, les trois copains dorment, ivres. Om Karima se met à hurler. Les voisins accourent. Un âne, vite... à la police ! « Yallah, les trois copains, qu'avez-vous fait de Ba'azak ? »

Oui, ils l'ont tué. Pourquoi ? Il ne demandait qu'à vivre. Ils sont en prison, les trois copains, pour quinze ou vingt ans peut-être. Ils en sortiront vieux, finis. Toi qui me lis, honnête homme à la conscience pure, je t'entends dire : « Ils ne l'auront pas volé. » Peut-être, mais dis, en fin de compte, qui sont les responsables ? Sont-ce vraiment les trois copains ou la société qui profite de leur travail, mais les laisse vivre comme des bêtes qui s'entre-tuent... La société, c'est toi, c'est moi, c'est nous ? Bon, mais que faire ? Que faire ? D'abord le regarder ce chiffonnier-là qui vient ramasser ta poubelle, le regarder, avec un regard de frère, l'assumer dans ta prière, dans ta pensée, en parler parfois avec tes amis. Qui sait, l'Esprit de Dieu qui cherche des « collaborateurs », comme dit saint Paul, pour sauver les hommes, en suscitera peut-être alors pour s'atteler à ce problème : offrir à ces hommes, aux jeunes surtout, une planche de salut.

Oui, ils m'ont tué, mes trois copains, moi qui ne demandais qu'à vivre.

Est-ce que ma mort pourra servir à quelque chose ?

La prison

La nuit du meurtre stupide de Ba'azak, je me trouvais dans ma petite cabane. Je me demande encore aujourd'hui comment je n'ai pas entendu les cris d'Om Karima, car nous ne sommes pas éloignées l'une de l'autre.

Mon réveil sonne. Hop ! debout pour partir à la messe. Mais quoi, il retarde, car il fait déjà un peu jour quand je sors de ma cabane. Mes Sœurs n'aiment pas me savoir trotter seule la nuit à travers champs. Quant à moi je n'ai pas peur, mais pour les rassurer j'emprunte une petite voiture d'un de nos chiffonniers. Je saute dedans et en route pour la gare. Ce tragique matin-là, j'aurais donc dû tourner du côté d'Om Karima. La police faisait des rafles. Elle m'aurait sans doute aussi ramassée, soupçonneuse : « Qu'est-ce que tu fais là, toi, dans la nuit au milieu de ces espèces d'assassins ? » Malheureusement, j'ai raté cette occasion inespérée d'aller en prison. Ça n'est pas facile, vous savez. J'ai même écrit au gouverneur général pour en obtenir la permission. Il me l'a refusée. Je me demandais toujours quel délit commettre pour avoir la possibilité de porter là-bas un peu de joie et d'espoir.

Un jour de Pâques, à Alexandrie, je suis partie avec deux petites élèves et leur mère souhaiter la fête au papa emprisonné. Nous voici dans la rue, au milieu d'une foule compacte. Au premier étage, au-dessus d'un haut mur, des hommes regardent derrière des barreaux. Essayons de pénétrer malgré les barrages. Je me force un passage à travers la foule. Un imposant agent de police m'arrête : « *Aouza eh ?* Qu'est-ce que tu veux ? — *El Nâzer*. Le directeur. » Il me mène auprès d'un type assez jeune et fort aimable : « J'ai avec moi deux enfants qui veulent embrasser leur papa pour la fête. — *Momken*, c'est possible. — Et j'ai apporté des oranges pour les prisonnières. Puis-je les leur distribuer moi-même. » Il hésite un peu et finit par accepter. Il me donne un soldat pour récupérer mes petites et leur maman et les extraire de la foule. Pendant qu'elles attendent dans la cour, je m'en vais, le cœur tranquille, du côté des femmes. Avec un sourire, je tends une orange à chacune. Les malheureuses la saisissent dans un long regard de reconnaissance. Soudain, je vois un soldat à côté de moi qui m'interpelle brutalement : « Viens avec moi. » Je le suis. Il m'amène dans le bureau du directeur en chef. Galonné et imposant, il me regarde avec suspicion. Ne nous troublons pas. Je demande une chaise et m'assieds tranquillement en face de lui. « Qu'est-ce que tu es venue faire ici ? — Souhaiter la fête. — A qui ? — D'abord à Guirguis Ezzat et ensuite aux femmes. — Qui est ce Guirguis Ezzat ? — Le père de deux de mes petites élèves. — Qu'a-t-il fait ? — Je ne sais pas, sa femme me dit qu'il est innocent. » Il éclate d'un gros rire. « Toujours la même chose, ils sont toujours innocents ! » Il donne des ordres à un agent de police. Nous attendons. L'homme revient. « Oui, un prisonnier s'appelle Guirguis Ezzat. Oui, ses deux enfants sont là, qui attendent pour le voir. — Tu vois, je ne suis pas une menteuse », dis-je en le regardant dans les yeux. Il est un peu gêné. « Bon, je vais faire appeler ce Guirguis, vous pourrez le voir dans la cour, mais tu ne verras pas les prisonnières. — Pourquoi ? Je voudrais leur distribuer ces oranges. — C'est le règlement, mais laisse ici les oranges, si tu veux, je les leur ferai parvenir. » Il se lève et me salue.

Peu après, Guirguis pleurait en serrant ses enfants dans ses bras. Mais soudain un remous : deux prêtres orthodoxes en long manteau noir fendent la foule, assistés de jeunes gens porteurs de caisses. Ils viennent souhaiter la fête aux détenus. J'ai fort envie de me faufiler derrière eux. Mais le chef à galons arrive, vérifie le tout et ordonne d'un ton coupant : « Les deux prêtres passeront seulement, *besse*. »

Je ne suis pas encore entrée en prison. Qui me donnera un

tuyau pour me faire coffrer ? Derrière leurs barreaux, tous ces mal aimés appellent. J'ai perdu l'occasion de leur répondre, même le jour de la mort de Ba'azak.

La course aux 30 000 dollars

Le lendemain de la mort de Ba'azak, j'arrive, le cœur lourd, au collège des jésuites. « Le Père M., s'il vous plaît ? » Il arrive. « Comment allez-vous, ma Sœur ? — Ça ne va pas. — Pourquoi ? — Parce que, voyez-vous, je ne fais rien, vous ne faites rien, nous ne faisons rien, et pendant ce temps nos jeunes s'entre-tuent. — Du calme, ma Sœur, du calme, qu'est-il arrivé ? »

Toute vibrante encore, je lui raconte la lamentable histoire. « Tout ça, finalement, c'est de notre faute, mon Père, de la mienne, de la vôtre. Tant que nous n'aurons pas construit une salle de club où notre jeunesse aura des plaisirs sains pour passer la soirée, cela recommencera. Ce ne sont pas eux les assassins, c'est nous ! — C'est exagéré, ma Sœur. — Pas tant que ça, mon Père, vous avez vu en son temps le film de Cayatte : *Nous sommes tous des assassins*, je suis de son avis. Construisons-leur une salle. — Nous en avons déjà parlé, surtout depuis ces derniers mois où le propriétaire nous a repris le terrain de football. — Bien sûr, depuis ce malheureux jour où ils ne peuvent même plus faire du sport, je n'ai cessé de vous redire : achetons un terrain ! »

Un peu impatienté, le Père reprend : « Hé oui, mais vous voulez en même temps acheter un champ, y construire deux jardins d'enfants, une salle de couture, une salle d'alphabétisation, un club et aménager un terrain de football. Nous avons calculé que tout cela représente 30 000 dollars. Et en plus, vous m'avez toujours dit que vous vouliez une piscine ! »

Je me sens bouillonner : « Laissons la piscine, mon Père, quoique les chiffonniers auraient besoin plus que d'autres de se rafraîchir en été. Quant aux 30 000 dollars, je vais aller les chercher en Europe. Trouvez-moi des adresses et donnez-moi votre bénédiction ; prenons avec nous le ciel et la terre. »

En conclusion de cette conversation, je me suis équipée de

hautes recommandations : évêque, nonce, patriarche, que j'ai envoyées à diverses villes d'Europe, et en avant pour la course aux 30 000 dollars.

Les Égyptiens

J'ai pas mal roulé ma bosse à travers les pays d'Europe, d'Asie Mineure et d'Afrique du Nord. Je n'ai jamais trouvé des relations aussi amicales et courtoises qu'en Égypte. En voici un exemple entre mille.

Je prépare donc ce voyage vers 30 000 dollars. Nouvelle soudaine : à partir du 1er avril, le billet d'avion à prix réduit est supprimé : 100 livres en plus. Juste le temps de courir de bureau en bureau pour terminer les formalités. Comme mes amis chiffonniers, je ne prends de taxi qu'à la dernière extrémité. Mais cette fois, il faut tout terminer avant la fermeture des bureaux.

Je cherche une voiture : un taxi s'avance. Une dame pressée désire aussi y monter. Ah ! nous partons dans la même direction, nous en profiterons ensemble. « Où allez-vous exactement, ma Sœur ? — A Swiss Air. — *Yallah ya raïs*, Swiss Air. — Mais vous, madame ? — Oh, ça ne fait rien, je vous dépose, c'est un petit crochet et je continue. Vous avez l'air plus pressée que moi. » Elle refuse absolument que je paye mon écot et me laisse devant l'agence.

M. B., aimable et courtois, a déjà préparé mon périple. Trois personnes sont assises devant son bureau. Un Libanais explique : « Avant de partir pour Chicago via Londres, ma femme veut passer quelques jours en Suisse. J'irai la rejoindre la veille du départ. » Pendant que M. B. s'évertue à démêler cette affaire compliquée, je parle avec deux jeunes, garçon et fille, qui attendent. Ils sont égyptiens et vont passer leurs vacances à Londres. On en arrive tout naturellement à parler chiffonniers. C'est le sujet que je connais le mieux. Le Libanais s'en va, satisfait, et les deux billets pour Londres sont rapidement terminés. Au moment de partir, la jeune inconnue me glisse un beau billet dans la main : « Pour vos chiffonniers, ma Sœur. » Je n'ai même pas le temps de remercier, elle s'est envolée dans un sourire.

« A votre tour, ma Sœur. C'était très difficile de vous trouver une place le 31 mars : évidemment, tout le monde veut partir le dernier jour de la réduction. Mais enfin, sur le Pakistan Airways, il restait un billet. Tout sera donc en règle. Voici le total à régler, mais donnez-moi dix livres en moins, ce sera ma participation à votre voyage. » Je le quitte, émue de tant de générosité et de courtoisie.

Me voici sur le trottoir. Une voiture s'arrête : « Allez-vous à Zamalek, ma Sœur ? — Oui, madame. — Alors, montez. » Je ne me fais pas prier et nous roulons. Cette charmante jeune femme me déclare s'appeler Isis : un nom de rêve, celui de la déesse lunaire. Un feu rouge nous arrête. Une marchande de violettes se précipite. Bêtement, je m'exclame : « Oh ! les jolies fleurs. — Vous aimez les violettes, ma Sœur ? » Et sans me laisser le temps de répondre, elle achète un bouquet et me le tend. Un peu confuse, je remercie. La voiture s'embaume du parfum discret. « De quel côté allez-vous à Zamalek, ma Sœur ? — A la nonciature. — Parfait, je vous y dépose. » Je la quitte, les violettes à la main. Elle s'appelle Isis, c'est tout ce que je sais... je ne la reverrai sans doute jamais !

Fleurs parfumées, billet d'avion à prix réduit, dix livres dans mon escarcelle, j'entre ainsi munie à la nonciature. Mgr G. a déjà personnellement écrit à Rome pour me recommander. Son secrétaire italien, le Père B., est un grand ami des chiffonniers et de la chiffonnière. Il me donne des explications circonstanciées pour me débrouiller dans la ville (« Urbs », comme nous disait notre professeur de latin en haussant la voix avec respect. Pensez, la ville de Romulus et Rémus).

Je repars, gonflée à bloc. C'est un jour faste, il faut le marquer d'un caillou blanc, comme les anciens. Bien sûr que toutes les lunes égyptiennes ne vous accordent pas de si heureux augures. Mais venez voir sur place comme on se dérangera pour vous rendre service. Les premiers temps de mon séjour au Caire, j'avais été voir le curé d'Embâba et je devais retourner à Matareya : petite distance ? question d'une heure et demie à deux heures. Je ne connaissais pas les moyens de transport à employer. Un père de famille s'offre : « Je t'accompagnerai jusqu'à Matareya et je reviendrai.

— Impossible, c'est de la folie ! Mets-moi seulement dans le premier autobus et explique-moi où je descends et où je remonte. » Croyez-le si vous voulez, il a fallu que je me batte avec lui pour l'empêcher de grimper avec moi dans l'autobus. Mais ce que femme veut...

Ah ! si je vous parlais de la gentillesse de tant d'amis égyptiens, j'en remplirais un volume !

Le sang de Ba'azak

Tous mes papiers sont en règle. Je pense à Ba'azak. On dirait qu'il m'accompagne. Oui, nous sauverons nos jeunes.

Rome : premier point d'abordage. Je téléphone à « l'Église en détresse ». « Oui, ma Sœur, on a bien reçu votre courrier. Mais le Père Van Straeten, le directeur, est en voyage. Vous venez d'Afrique où nous avons quantité de postes à secourir et pas assez de ressources. Il faut comprendre nos difficultés. — Oui, je comprends. Si, par extraordinaire, on me donne plus que les 30000 dollars dont j'ai besoin, je pourrai vous aider. — Oh ! merci, ma Sœur ! Au revoir et bonne chance ! » Comme premier essai, ce n'est pas très positif. Ne nous décourageons pas.

Je téléphone ensuite au cardinal P. ; une voix aimable, mais pressée. « Ah ! oui, ma Sœur, je suis au courant par le nonce. Mais je termine ma valise et pars pour Paris. Voyez Mgr B. Bonne chance, ma Sœur ! »

Me voilà maintenant devant ce prélat à l'œil vif et à la parole précise. « Alors, ma Sœur, j'ai devant moi le dossier des chiffonniers, vous voulez 30000 dollars. C'est une bonne petite somme. Vous avez déjà commencé ? — Oui, monseigneur. » Je lui raconte avec simplicité ma première tentative téléphonique. Il conclut : « Voyez, ma Sœur, si vous continuez avec cette méthode, reprenez demain la route du Caire. Vous ne récolterez rien. Mais occupez-vous de vos chiffonniers, ma Sœur, et non de tous les postes d'Afrique. Et ne téléphonez que pour prendre rendez-vous ; un peu de bon sens, ma Sœur. » Devant ma mine déconfite, il ajoute : « Allons, allons, je vous promets un chèque pour démarrer », et à son secrétaire : « Téléphonez à "l'Église en détresse" pour annoncer la visite de la Sœur. C'est tout près, vous traversez le pont et vous tournez à droite : premier immeuble. Et revenez ensuite toucher votre chèque. Au revoir et bonne réussite. »

Vraiment, j'ai eu de la chance de tomber sur ce prélat. C'est grâce à ses conseils, que j'ai scrupuleusement suivis, que je suis arrivée à ouvrir bien des portes fermées. J'ai d'abord reçu un accueil charmant à « l'Église en détresse ». Une délicieuse Antoinette m'a écoutée avec son cœur. Je lui ai raconté l'histoire de Ba'azak. Et tout à coup, ce qui ne m'arrive qu'une fois tous les dix ans, je me trouve, ô ridicule ! fondant en larmes. Je n'arrive pas à me remettre de la mort de ce petit ! « Ne vous inquiétez pas, ma Sœur, nous allons vous aider, ce drame ne se renouvellera pas. »

Je pars, rassérénée, mais pourquoi le sang de Ba'azak me revient-il comme sur les mains ? Je n'y ai pas trempé, pourtant, mais il me semble parfois que je pourrais redire avec Lady Macbeth : « Tous les parfums de l'Arabie ne pourront blanchir cette petite main. »

Pourquoi faut-il d'abord des victimes et du sang pour que nous partions au secours de nos frères en détresse ? Je peux dire que le drame de Ba'azak a chaque fois déclenché une aide pour ses amis les chiffonniers. Je posais cette question apparemment indiscrète : « Que faisiez-vous, monsieur, le 11 février de cette année à 10 heures du soir ? » Étonné, mon interlocuteur feuilletait parfois son agenda et me répondait souvent : « Je devais être chez moi, ma Sœur. — Bien au chaud, monsieur, électricité, chauffage central, télévision. » Certains reprenaient : « Je ne regarde jamais la télévision, ma Sœur. — Peut-être, monsieur, mais, en tout cas, vous étiez assis très confortablement, après un bon repas. — Comme tout le monde, ma Sœur. — Tout le monde dans votre ville, monsieur. Mais pendant ce temps-là des jeunes de vingt ans n'avaient pour passer la soirée à quatre qu'un bouge de trois mètres de long sur deux mètres de large, la terre battue comme lit, ni fenêtre, ni lumière, ni eau, ni chauffage... et quelques degrés seulement au-dessus de zéro. Que vouliez-vous qu'ils fassent ? Aller au bistrot du coin. » Et je continuais le plus froidement possible. Puis, la gorge serrée, je me taisais... Sur tous les chèques reçus, il me semble voir quelques gouttes de sang.

Paris ou Le Caire?

Me voilà à Paris. Hop! sautons dans le métro, j'ai à traverser la moitié de la capitale de ma jeunesse pour aller parler des chiffonniers. Une place assise, bonne aubaine; je vais pouvoir tranquillement lire mon bréviaire. Un signe de croix... Je lève les yeux : les gens me regardent, étonnés, avec un léger sourire au coin des lèvres. Prier ostensiblement en plein métro de Paris, voilà bien une bonne sœur du Moyen Age! Elle va bientôt sans doute nous marmonner aussi son chapelet. Et la voilà encore en costume! J'avais envie de leur sourire à mon tour. « Hé oui, messieurs, mesdames, figurez-vous que je viens d'un pays où les gens prient ostensiblement dans les rues et où, un jour, un inconnu m'a dit : "Merci! comme c'est beau une religieuse en costume. Ça fait penser à Allah." »

Au Caire, le muezzin fait-il retentir son appel? Le marchand de pastèques étend à côté de sa voiture un maigre petit tapis, s'y assoit les jambes repliées : son front s'incline sur la terre et y reste quelques instants prosterné. *Allah akbar*. Dieu est le très grand, le Tout Autre. La moitié d'un trottoir est parfois ainsi, pour quelques minutes, encombrée de musulmans en prière : ils ne détourneront jamais leurs yeux plongés dans l'Invisible.

Combien de fois, en prenant le train de banlieue qui va du Caire vers le village à proximité de mes chiffonniers, me suis-je unie à ces cœurs qui prient! Pendant qu'un homme assis à côté de moi lit le Coran, je lis les psaumes du bréviaire; notre prière à tous les deux est une prière d'homme, donc imparfaite, mais un parfum s'échappe pourtant de ces deux encensoirs : il monte en une seule spirale de louange vers le Dieu Très Haut.

Un chapelet composé de trente-trois perles glisse entre des doigts. Murmuré trois fois, il veut rendre gloire au Seigneur : les quatre-vingt-dix-neuf noms de Dieu seront tour à tour prononcés, le Très Grand, le Très Bon, le Très Beau... Pendant que des lèvres musulmanes murmurent les vocables du Très Miséricordieux, je fais glisser aussi les grains de mon chapelet : « Que ton Nom soit sanctifié... »

Vous marchez dans une rue, un camion passe auprès de vous, avec le nom d'Allah écrit en grands caractères. Vous entrez dans un grand magasin : vous le retrouvez suspendu au mur. Les chrétiens ont mis en bonne place une image du Christ ou de la Vierge. Vous pénétrez dans une maison : le Coran ou la Bible s'étend sur la table de la petite entrée. J'écris ces lignes durant le mois de jeûne du Ramadan. Il fait une chaleur étouffante, plus de 40°. Des millions d'hommes, de femmes, d'enfants, de 4 heures du matin à 7 heures du soir, ne boiront même pas une gorgée d'eau.

Tradition plus que conviction personnelle ? Fanatisme plus que religion du cœur ? Jeûne favorisant la paresse plus que le travail ? Crainte du Tout-Puissant plus qu'amour de ses frères ? Toutes ces critiques peuvent avoir une part de fondement. Et pourtant (chacun est libre de ses goûts) je préfère au métro sans âme de Paris le petit train de banlieue du Caire qui, teuf, teuf, teuf, tout doucement emporte dans ses flancs bondés, au milieu des relents d'une masse humaine, un parfum de prière.

Hold-up

Durant la conférence donnée à Genève, quelque peu entraînée par mon sujet, je lance : « Je dois les trouver, ces 30 000 dollars, sinon je ferai un hold-up ! »

Un journaliste est présent. Le lendemain, un journal suisse titrait en gros caractères : « Une religieuse prête à faire un hold-up. » Hum ! j'ai oublié de suivre le vieux dicton populaire : « Tourne sept fois ta langue dans ta bouche avant de parler ! » Naturellement, j'ai trouvé quantité de jeunes prêts à m'aider. « On prépare le revolver, ma Sœur ! » J'entends déjà siffler les balles... Bigre, c'est sinistre. Remettons l'épée au fourreau et restons une « bonne Sœur » bien inoffensive !

J'ai aussi scandalisé des amis quand je leur confiais : « Vous savez, lorsque j'ai vu le supermarché de Genève ruisselant de victuailles pour hommes, chiens et chats, je crois que si j'avais été jeune... — Si vous aviez été jeune? — Eh bien j'aurais mis le pétrole et l'allumette. — Comme vous y allez, si les bonnes Sœurs commencent à leur tour à allumer des incendies criminels, il n'y a plus qu'à s'enfuir dans la lune! — Il faut comprendre! Je suis tombée trop brutalement des chiffonniers dans le supermarché! »

Le jour où je suis repassée par Genève en fin de voyage, la paisible ville se trouve en rumeur. Mais qu'est-ce qui arrive dans la cité réglée par Calvin? Rues fermées, policiers de tous côtés, voitures-secours. M. F., l'excellent mari de mon amie Charlotte, ouvre la télévision. « Pour la première fois dans l'histoire de Genève, un hold-up a été lancé sur une des grandes banques internationales. Les gangsters sont dedans. Regardez. »

Il se tourne un peu vers moi et d'un ton faussement inquiet : « Je me demande si la police ne va pas arriver chez moi. Lors de votre premier séjour vous avez solennellement proclamé dans le journal que vous feriez un hold-up si vous ne trouviez pas vos 30000 dollars. Vous tombez du ciel et le voilà qui éclate. » Puis, d'un ton d'ami à qui on ne doit rien cacher : « Vous êtes sûre de ne pas y avoir participé? »

Samir, le petit aveugle

J'ai emporté en Suisse le dossier de Samir, le petit aveugle. Voici comment je l'ai connu :

L'Église évangélique protestante est parfaitement munie au point de vue audiovisuel. Elle m'envoie de temps à autre sa voiture à batterie avec film : Amin, le meilleur homme du monde, l'accompagne, chargé de veiller sur le matériel.

Un matin, au moment de sauter dans le train, quelqu'un me salue gentiment : « *Ezzy ek*. Comment vas-tu? — *Hamdulillah*. Grâce à Dieu! » Il m'offre mon billet. C'est Amin. Cela me touche, car il n'est pas millionnaire. Je le vois maintenant en pleine lumière : dans le champ, la nuit, je n'ai jamais remarqué le voile de tristesse qui couvre son visage.

« Tu es malade, Amin ? — Non. — Il y a quelque chose qui ne va pas ? — Mon fils, le petit Samir, est aveugle. » Rien n'est plus émouvant que d'entendre parler d'un enfant aveugle. Il semble toujours que si nous, les grands, nous avons plus ou moins mérité ce qui nous tombe sur la tête, les petits, eux, qui n'ont pas encore fait le mal, ne devraient pas souffrir.

Avec des larmes qui se glissent sous sa paupière le pauvre père explique : « A six ans Samir a vu mourir sa petite sœur. Quinze jours après, un matin il se lève et, les bras étendus, marche en zigzag. "Que veux-tu, Samir ? — Je ne vois plus, papa." Nous avons essayé tous les docteurs et tous les hôpitaux. Rien ! »

Je dois partir en Suisse dans quelques jours. « Prépare-moi le dossier complet. Je vais le présenter à "Terre des hommes". Je ne peux rien promettre, naturellement, mais il faut tout essayer. »

Quelques jours après, Samir arrive, conduit par son père. Sa mère et sa petite sœur l'accompagnent. L'enfant a de grands yeux bruns fixes si purs et si beaux : un lac limpide immobile. Le voir donne envie de pleurer. Je prends le dossier. Au moment de se lever, Amin fait un signe à sa femme : celle-ci, si propre dans sa robe jaune décolorée, sort de son cabas... un canard. « Nous l'avons tué hier pour toi. Tu vas voir comme il est bon ! »

Pauvres gens, ils engraissaient la volaille pour s'en délecter à Pâques et voilà qu'ils s'en dépouillent pour moi ! Mais je leur ferais trop de peine en leur refusant.

J'arrive en Suisse, chez Charlotte F., toujours prête à aider qui que ce soit ; elle prend en charge le dossier. Je suis de retour au Caire. Une lettre arrive de « Terre des hommes » de Lausanne. Le spécialiste n'a pas grand espoir, mais il demande encore l'examen d'un ophtalmologiste. Nous partons chez le docteur. Avec minutie, il scrute les yeux de Samir. L'instant est tragique. Il écrit son rapport : le nerf optique n'est plus rouge mais à peine rosé, plutôt blanchâtre : il n'y a presque pas d'espoir.

Lausanne nous fait dire : « Inutile de nous envoyer l'enfant. »

Je dois transmettre à Amin le terrible verdict. Nous nous

retenons tous les deux pour ne pas pleurer. Il a vendu sa petite maison et s'est criblé de dettes pour faire soigner Samir par tous les docteurs d'ici : tout a été vain. Son dernier espoir est maintenant tombé. L'institut pour aveugles a refusé aussi son enfant, car son quotient intellectuel n'est que de 60 %, et 75 % sont exigés. Si je trouve des ressources, je vais essayer de lui envoyer à la maison un maître compétent qui le développera dans la mesure du possible. Mais sera-ce réalisable ?

Amin est là, devant moi, statue du désespoir. Une idée me vient : « Samedi soir, je suis libre, j'irai volontiers vous visiter tous. » Un rayon brille soudain dans ses yeux. Pour la foi de nos gens, toute personne consacrée à Dieu apporte avec elle la « baraka », la bénédiction du Seigneur. Moins oppressé, il me dit en me serrant la main : « *Rabbena kebir, Rabbena maougoud*, Dieu est grand, Dieu est présent. »

Samir aime prier. Une joie inconnue l'inonde alors. Qui sait quelle aurore fulgurante entrevoient alors ses yeux morts ? On dit souvent que l'enfant et le vieillard habitent la même cime.

Il était un vieux chiffonnier assis dans la ruelle, paralysé et aveugle. Quand vous lui demandiez : « Vieux père, que fais-tu là, ne t'ennuies-tu pas ? », il levait vers vous un visage décharné mais resplendissant d'une mystérieuse aurore. « Non, ma fille, je ne m'ennuie jamais, je remercie Dieu. — De quoi, vieux père ? — Je remercie Dieu du rayon de soleil qui me caresse, d'un oiseau que j'entends de loin chanter, de la poule qui vient de pondre et du ciel bleu que les autres voient. Je vis dans la joie, *Hamdulillah*, louange à Dieu ! Il est tout près de moi. »

Finalement, qui sont les aveugles ?

Journal de voyage

Supérieure
Religieuses N.-D. de Sion
C.C.P. Paris 36228
Pour Sœur Emmanuelle
13, rue du Perche
75003 Paris

21 Taqsim El Balsan. Matarieh
Le Caire Égypte, 2 mai 1974.

(Voici la lettre envoyée au retour de mon périple.)

« Mes chers amis,

A peine débarquée près de nos chers petits chiffonniers (j'écris "nos" car vous les avez aussi adoptés, n'est-ce pas ?), je veux d'abord venir encore une fois auprès de chacun d'entre vous... Je revois, comme dans un rêve, tant de regards amis tout chargés de sympathie : vous m'avez tous rempli le cœur de tant de chaleureuse affection que je me sens responsable de le faire déborder à mon tour sur nos frères chiffonniers, si peu habitués à l'estime et à la sympathie, eux !

Tiens, on sonne à la porte ! (Je vous écris de l'appartement de Matarieh, car dès que je suis dans mon bidonville, pas de calme possible pour écrire.) Ah ! c'est Om Hamdi dont vous avez vu la photo debout près de moi. Nous nous embrassons avec effusion... pensez, on ne s'est plus vues depuis un mois ! Je lui parle de vous tous qui l'avez vue et aimée, et elle repart reposée et joyeuse.

1er avril. Je repense aux premiers jours d'avril passés à Rome où la plus grande joie fut l'audience du pape, pâle et fatigué, mais le visage tellement rayonnant de bonté ! Chaque fois qu'il saluait un groupe, des hourras de joie éclataient chez les Français, les Belges, les Suisses, les Italiens, les Anglais, les Brésiliens, les Espagnols, les Japonais, les Hollandais, les U.S.A., les Danois, les Allemands, etc. Nous étions environ 10000. Quand certains jeunes hurlaient d'enthousiasme au nom de leur groupe cité par le pape, le toit de l'immense salle paraissait devoir s'écrouler. Et que dire de l'amabilité romaine, celle de mes sœurs de la colline du Janicule, comme celle des prélats du Vatican ou de ceux rencontrés dans les divers organismes et au cher San Vito ! Quant aux jeunes élèves de frère Rodolfo, j'étais étonnée de l'attention soutenue et du calme peu habituels à leur âge durant la conférence que je leur faisais.

5 avril. La bourse déjà garnie, je m'envole pour la Suisse, que je croyais moins expansive. Pourtant, pilotée par la dynamique Charlotte, je reçois à "Terre des hommes" un accueil chaleureux : il semblait qu'on se connaissait depuis toujours. A Zurich, joie très douce de retrouver des visages non revus depuis quarante ans ! Accueil incomparable à l'Entraide protestante de Zurich comme au Secours catholique de Lucerne et, la veille, au Conseil œcuménique de Genève : on se sent vite frères avec ceux qui ont le même idéal.

9 avril. Il faut s'envoler pour Londres. Un jeune Suisse m'aide à porter mes bagages et s'assied près de moi dans l'avion. Il me confie : "Nous avons un curé épatant : comme nous sommes tous groupés autour de l'église, il a renoncé à sa voiture et nous visite à bicyclette. On le dérange jour et nuit. Ça va toujours. Il vit pauvrement pour aider la colonie italienne. Alors, dans ma famille, on s'est mis d'accord pour ne manger de la viande que deux fois par semaine et en donner aux nouveaux émigrés qui n'en auraient pas. Et si vous saviez comme nos messes sont belles !" Il me propose de me piloter dans Londres, mais un chauffeur en livrée m'attend : "*Are you Sister Emmanuelle ? — Yes.*" Mgr H., notre cher ancien nonce, maintenant à Londres, me fait chercher. Arrivée chez lui, je lui parle de nos amis égyptiens et naturellement des chiffonniers auxquels il s'intéresse très concrètement. Il me fait ensuite conduire à "Cafod", organisme qui s'intéresse aussi à nous avec le même charmant accueil, et en route pour le train d'Oxford. En descendant dans la ville, un jeune étudiant de la célèbre université s'offre spontanément pour me mener à "Oxfam". On cause. "Je termine mes études dans deux ans. — Alors, quelle situation allez-vous chercher, celle où l'on gagne le plus d'argent ? — Jamais de la vie, mais celle où je servirai le plus l'humanité ! Je fais partie d'une association de jeunes qui, à travers le monde, a comme idéal l'amour de tous les hommes et le meilleur service." Je l'écoute, toute conquise ! Vive la jeunesse ! Me voilà à Oxfam où je suis reçue à bras ouverts par la plus délicieuse personne du monde, dirait Mme de Sévigné. Une nuit passée près de nos

Sœurs londoniennes me montre leur dynamisme. L'une est partie en Russie avec un groupe de jeunes, justement, et l'autre en Palestine. Un foyer d'étudiants contigu à la demeure des sœurs anciennes est pétillant de vie. "Ne sonnez pas, ma Sœur, me crie un charmant garçon, j'ai la clé", et il m'ouvre la porte de la rue. Bravo ! On est moderne en Angleterre !

10 avril. En marche pour Bruxelles, ma ville natale, qui va se montrer aussi généreuse que les pays précédents : délicieux revoirs avec des membres très chers de ma famille et d'anciennes compagnes de mes jeunes années. (Tiens, du bruit dans la rue de Matarieh, tam-tam et acclamations... Je vais à la fenêtre : femmes avec paniers aux étoffes multicolores portés sur la tête ; c'est le trousseau de la jeune mariée, *inch' Allah !*, qu'elle soit heureuse.)

Conférence dans mon ancienne école des Dames de Marie, public particulièrement charmant. Puis ce sont les visites aux différents organismes : Caritas-Secours, où la plus vive sympathie m'écoute, même intérêt aux Œuvres pontificales et à "Justice et Paix" : ça vibre en Belgique... Inoubliable veillée pascale dirigée par un jeune diacre marié, récemment ordonné : quelle vie, quelle animation, quel équilibre entre la liturgie ancienne et la nouvelle ! Après la messe, je suis invitée à boire un verre au foyer en l'honneur de la Résurrection du Christ. C'est plein de jeunes, ça court, ça chante ! Vive la jeunesse !

17 avril. Train pour Tournai, où le plus érudit abbé du monde me fait admirer une des plus belles cathédrales du monde : je regarde avec émotion la chasuble de soie rouge portée par saint Thomas Becket quelques jours avant son martyre à Canterbury, je repense à *Meurtre dans la cathédrale* d'Eliot. Je salue aussi, avec le respect dû aux empereurs, la chape en velours rouge tissée d'or de Charles Quint et — j'allais l'oublier ! — le bras de saint Eleuthère... Ensuite, me voilà dans l'ancien château des ducs de... ! transformé en collège ; on m'apprend que c'est moins cher que de bâtir du neuf (avis aux amateurs !) : charmante cordialité belge pour la chiffonnière et les chiffonniers ; téléphone à la ville de Mons à une non moins charmante journaliste qui roule vers nous sur-le-champ : entretien animé et aux conclusions substantielles.

Visites ici et là à de jeunes foyers pleins de vitalité chrétienne. La maman de Viviane (trois ans et demi) me prévient qu'elle s'est privée de chocolat pendant tout le carême pour les chiffonniers. Viviane me questionne : "Les p'tits chiffonniers, ils aiment le chocolat ? — Bien sûr, Viviane, mais c'est trop cher pour eux. — Et si je leur donne mon chocolat ? — Oh ! ils vont dire : comme il est bon, le chocolat de Viviane !" Elle rit de toutes ses fossettes. A trois ans et demi, elle apprend déjà à ôter de sa bouche le bon chocolat pour le mettre dans la bouche de ceux qui n'en ont pas ! Tu iras loin, Viviane, si tu continues comme cela !... Visite à un foyer de jeunes handicapés : au milieu d'une symphonie de couleurs claires et gaies, des enfants sont sauvés grâce à un amour qui sait utiliser toutes les ressources du cœur et de la science.

19 avril. Visite éclair à Aix-la-Chapelle, aux grands organismes allemands de "Missio" et de "Misereor". On y connaît l'Égypte et ses problèmes et on est toujours prêt à nous aider. Je vais saluer dans sa tombe Charlemagne qui doit s'intéresser, je suppose, au Marché commun et à l'Europe.

20 avril. Luxair m'amène au Luxembourg, où je fais la connaissance d'une délicieuse petite Emmanuelle de six ans moins dix jours, me précise-t-elle, qui me promène gravement à travers les rues et me montre ensuite les lions et les panthères de son jardin zoologique en miniature. Nous devenons de grandes amies et l'on décide de s'écrire. L'évêque m'a reçue avec non moins d'intérêt et décide aussi de nous aider. Décidément, ça valait la peine de venir au Luxembourg.

21 avril. Visite éclair à Arlon dans un jeune foyer animé et joyeux : discussion serrée avec un des plus sympathiques jésuites que j'aie rencontrés (et Dieu sait si j'en connais des jésuites, et s'ils sont sympathiques et m'aident sur tous les plans !). "Il faut dépenser un million par homme si l'on veut construire, ma Sœur. — C'est trop cher la Belgique, mon

Père. — On n'est pas des chiffonniers, ma Sœur ! — Tant pis, mon Père : si le Christ revenait, il habiterait chez les chiffonniers. — C'est pas sûr. — Au moins probable, mon Père !"

23 avril. Paris, la Ville lumière ! Séjour rapide, mais enrichissant à tous points de vue ; visites et conférences se succèdent : jeunes et moins jeunes, religieux et laïcs, famille et amis m'invitent, m'écoutent, questionnent, et sont saisis d'intérêt. Les jeunes de la Sion de Paris sont emballés : "C'est beau, l'Égypte ; c'est sympa, les chiffonniers, on y va ! — Bien sûr, je vous attends." Je donne des rendez-vous aux pieds du Sphinx. "Écrivez-moi la date et l'heure. Venez en groupe, je n'ai pas trop de temps. — Entendu."

25 avril. Charmant voyage en famille : on roule vers Dijon... Je retrouve mes vingt ans. Conférence le soir : public particulièrement accroché. Ah ! la belle-sœur du Père Desportes : « Vous m'avez envoyé du saucisson ! Grand merci ! » L'évêque s'est dérangé pour écouter la chiffonnière. Questions sur tous les sujets. Ah ! oui, l'Égypte, quel pays merveilleux, j'en parlerais toute la nuit.

26 avril. Retour à Paris. Visite éclair à Sèvres, dans le souvenir de l'inoubliable Mme Hatinguais. Je fais la connaissance d'un jeune ménage qui vit une expérience passionnante de vie végétarienne et saine dans le travail de la terre, dans le jeûne et la prière.

27 avril. Conférences au collège de Grandbourg. Joie de parler une dernière fois à ces jeunes qui vous écoutent en vibrant et se montrent, comme partout ailleurs, si généreux. Un élève vide tout son porte-monnaie. On me presse de questions. Ah ! c'est beau les jeunes : si notre vieille civilisation est en décadence, c'est eux qui la sauveront !

28 avril. Il faut quitter Paris : allons, ma vieille capitale, tu m'as beaucoup appris, à travers tant d'amis et de chocs mutuels, entre la sagesse égyptienne et le vent nouveau de

France. Il me reste deux jours pour filer à Marseille et à Nice et revoir nos chères sœurs anciennes d'Istanbul, de Tunis et d'Alexandrie qui ont porté avec tant d'amour et de fidélité "le poids du jour et de la chaleur". Il faut de nouveau partir, filer vers l'aérodrome de Nice le long de la Côte d'Azur. Nous avons de plus belles plages encore en Égypte : mer d'un bleu de rêve baignant ces immenses étendues de sable d'or... Mais le tourisme ne nous gâtera-t-il pas notre peuple si simple, si sain, non encore corrompu par la richesse et ses douteux plaisirs ?

30 avril. Dernière étape à Genève où se sont entassés tant de cadeaux ! Dernière visite à un aimable et généreux banquier.

1er mai. Je débarque enfin dans cette bonne ville du Caire pour arriver au milieu du cher peuple de Matarieh : plus de problème de parking d'auto ! Je vais reprendre la vie simple et belle de partage avec les plus pauvres, mais maintenant avec quelque chose de nouveau : des liens fraternels se sont noués, c'est grâce à cette fraternité qui a fait non pas boule de neige, mais boule de dollars, que bientôt, sur un terrain propre et sain, vont s'élever dispensaire et salles : les petits des jardins d'enfants vont s'y ébattre, les filles y apprendront couture et lecture, les jeunes gens et les hommes vont y être alphabétisés et, ô merveille ! le terrain de football va voir s'exercer nos jeunes et la salle de club va s'animer le soir : scènes de théâtre et films récréatifs et instructifs, rires et chants.

Merci à chacun d'entre vous qui réalisez le vœu de l'excellent Mgr Cayer : "Aidez-les à devenir des hommes... alors ils deviendront des fils de Dieu !"

Merci de tous vos témoignages d'intérêt et d'amitié ; les chiffonniers et la chiffonnière vous envoient leur affection sous le symbole d'Akenaton : "la caresse des rayons solaires si tendres du matin et du soir, en Égypte". »

Quinze jours dans une communauté de religieuses coptes orthodoxes

L'autobus m'emporte vers la ville où, m'a-t-on dit, existe une communauté de religieuses coptes orthodoxes d'un genre nouveau. Il me dépose devant un marché animé où hommes et femmes remplissent leurs couffins d'oranges, de bananes et de dattes encore accrochées en grappes à leurs tiges jaunes. Comme d'habitude en Égypte, quelqu'un s'empresse pour me guider vers la « motraneya », la résidence de l'évêque fondateur de cette communauté. Le couvent est bâti en face... des chants entraînants, un escalier bleu clair, une porte grande ouverte. Un excellent français m'accueille : « Bonjour, ma Sœur, quel plaisir de vous voir ! — Avez-vous reçu ma carte ? — Non, mais une chambre vous attend. » Avec un sourire « tassouny Tahany » (Sœur Tahany) m'entraîne, s'arrête pour une profonde inclinaison devant l'iconostase de la petite chapelle et ouvre une porte nouvellement peinte. La place d'un lit, d'une armoire et d'une table devant une fenêtre largement ouverte. Des icônes aux couleurs fraîches tapissent les murs. Sur la table, la Bible et des livres de piété. « Vous êtes chez vous, dans une demi-heure nous récitons le bréviaire et nous dînons ensuite. »

Ce petit couvent clair et gai va me faire vivre pendant quinze jours dans un monde jamais encore vu. Tout y chante du matin au soir des cantiques à « Yesou Habibi » (Jésus mon Bien-Aimé). Je passe devant la cuisine. Une jeune novice épluche des aubergines en chantant. Dans la salle d'eau, une autre lave avec énergie le linge en chantant. La jeune responsable, tassouny Tahany, jupe retroussée, lance un seau d'eau et frotte l'escalier en chantant. Bientôt, une cymbale retentit. C'est l'heure de Sexte. Pieds nus, car nous foulons le sanctuaire, nous voilà dans la chapelle, assises sur nos jambes repliées : les psaumes se succèdent, entrecoupés de métanies (prosternations). Six fois par jour, celles qui ne sont pas occupées au jardin d'enfants, à l'ouvroir, à l'orphelinat, aux visites des malades, etc., se retrouvent ainsi pour la louange du Seigneur.

« Demain, c'est dimanche, voulez-vous aller avec nous à la messe de "Sayadna" (notre seigneur l'évêque) ? — Pourrai-je communier ? — Bien sûr ! » La longue messe orthodoxe fait retentir ses chants entrecoupés de *Kyrie eleison, Ia Rab erham*, vigoureusement lancés par le peuple. Monseigneur m'a repérée dans l'assistance. Je le vois parler avec tassouny Sophie. Celle-ci s'approche et m'explique « Sayedna demande si vous voulez bien ne pas communier devant le peuple, qui ne le comprendrait pas pour une religieuse catholique. Je vous mènerai moi-même ce soir à l'église catholique pour que vous puissiez y communier. Demain, Sayedna viendra célébrer la messe chez nous. » Les femmes, voile sur la tête, s'avancent pour recevoir d'abord le pain consacré et boire ensuite le vin consacré à la cuiller dorée. Tassouny Sophie ne communie pas. Elle me dira ensuite : « J'ai profondément ressenti votre peine, alors, j'ai préféré communier à votre peine, car cela aussi c'est communier au Seigneur. »

Le lendemain, Monseigneur vient célébrer la messe au couvent. Il partage ensuite avec nous le petit déjeuner et me dit en souriant : « Vous êtes contente ? — Ah ! oui, mais pas complètement. — Pourquoi ? — Parce que j'attends le jour où je pourrai communier publiquement dans l'église copte orthodoxe. — Nous y arriverons, mais il faut d'abord élargir les mentalités. »

Il m'invite deux fois à sa table. Repas simple et frugal que tous ceux qui viennent le voir à ce moment sont invités à partager : soupe aux topinambours avec quelques petits morceaux de viande, riz, courgettes aux tomates, dattes et oranges. Monseigneur sert d'abord tout le monde dans un climat de joyeuse simplicité. On plaisante et on rit gentiment de mon accent arabe, mais nous parlons aussi français et anglais. On débarrasse la table ensemble avant de passer dans le hall d'entrée pour le thé traditionnel en Égypte. Monseigneur m'explique qu'il a voulu fonder une communauté de personnes consacrées à l'apostolat en même temps qu'à la prière. Ceci est tout à fait nouveau dans l'Église orthodoxe qui ne comportait auparavant que des religieuses contemplatives cloîtrées. Aussi, comme pour les filles de la Charité du XVIIe siècle, n'appelle-t-on pas « rahba » (religieuse) toute personne qui n'est pas cloîtrée. On la dénomme seulement du terme de « consacrée » Pratiquement, avec humour la difficulté a été tournée grâce à un terme de la langue ancienne pharaonique : « tassouny », qui signifie « sœur ». Quant à Monseigneur, il m'interroge sur nos règles. Il a envoyé deux « tassouny » faire un tour en Europe dans différents couvents catholiques et protestants et il reste très en contact avec nos maisons religieuses d'Égypte.

Le vendredi après-midi, je suis assise du côté droit réservé aux femmes dans la cathédrale où se presse une foule compacte. Monseigneur lance d'abord un cantique dont il bat la mesure avec vigueur, dans un rythme entraînant. Ensuite, lecture d'un passage de l'épître aux Corinthiens. Il pose des questions : « Expliquez-moi le sens de "takalit" (tradition). » On lève le doigt, hommes et femmes de tous âges, beaucoup de jeunes. Personne ne trouve la réponse adéquate. Enfin, souriant, comme un père qui parle à ses enfants, il commente les deux genres de traditions : « apostolique », et donc commune à toutes les Églises, et « particulière », attachée aux différentes Églises du monde ; il montre alors la chaire de l'évêque qu'il n'occupe pas, car il préfère marcher de long en large dans l'allée du milieu pour être plus proche de chacun. « Voyons, cette chaire est traditionnelle, mais "Mar Boulos" (saint Paul) en avait-il une ? » Tout le monde rit. « Ce qui est important, c'est l'enseignement de Mar Boulos et non les "takalit" qui se sont ensuite différemment développés selon les Églises. » Quand je le revois, je lui dis ma joie de ce qu'il prépare son peuple à l'union avec l'Église catholique sur la base de la croyance unanime à la tradition apostolique. A travers l'orthodoxie, c'est l'Église copte qui avance le plus rapidement, malgré toutes les difficultés, vers un dialogue constructif.

Le soir, de retour dans ma chambrette, après avoir partagé le fromage et les dattes avec les « tassouny » et chanté les psaumes, je m'endormais, espérons-le, du sommeil du juste, mais certainement le cœur épanoui. Un cantique lancé sous ma fenêtre d'une voix de stentor me réveillait souvent. Intriguée par ce chantre nocturne, je demande un matin des explications. Tassouny Tahany me répond en riant : « Ah ! notre chantre, c'est celui qui s'est converti au christianisme. — Comment ? Cela n'arrive pas si souvent ! — Voilà, un jour, nous a-t-il dit, il a eu soudain la conviction que Jésus est "Mesih" (le Messie), "Ibn Allah" (Fils de Dieu), et il a voulu devenir lui aussi “Mesihi” (chrétien). Il s’est fait baptiser, à l’encontre naturellement de tous les siens qui l’ont accablé d’injures et de coups. Un jour même, ils l’ont entraîné jusqu’à un poste de police pour l’accuser de quelque crime et le faire mettre en prison. Copieusement bafoué et battu, il n’a pu en sortir que par l’énergique intervention de Monseigneur, qui a facilement prouvé son innocence. Il nous est arrivé, le corps labouré, mais l’âme transportée d’allégresse. “Mon pauvre ami, comme tu as souffert !” Et cet homme simple de répondre, tout joyeux : “Oh ! j’étais heureux de souffrir pour Jésus mon Bien-Aimé, est-ce qu’Il n’a pas plus souffert pour moi ?” »

Vous qui me lisez, vous sentez-vous quelque peu désorienté dans un monde moderne désacralisé ? Allez donc dans cette petite communauté copte orthodoxe prendre un bain de joie évangélique.

« Pardonnez à ceux qui m’ont tué »

Même à travers le sang et les larmes un rayon d’amour arrive à percer : témoin le document suivant que ceux qui le connaissent reliront avec émotion. Il s’agit de Ghassibé Kayrouth, vingt-deux ans, qui faisait des études au collège des jésuites de Jamhour, près de Beyrouth, pour se préparer au sacerdoce. Il le quitte le 20 décembre 1975 pour passer Noël en famille dans son village natal de Nabha, où vivent ensemble chrétiens maronites et musulmans métoualis. Il est tué en route près des ruines de Baalbeck. En partant, il avait laissé dans sa chambre une enveloppe : « De la part de Ghassibé. » Elle contenait ce texte en arabe :

« Au nom du Père et du Fils et du Saint-Esprit :

Quand j’ai commencé à écrire ce testament, on aurait dit que c’était une autre personne qui parlait à ma place. Tout le monde, ces temps-ci, Libanais et résidents au Liban, est en danger. Comme je suis l’un d’eux, je me vois kidnappé et tué sur la route qui mène à mon village de Nabha. Et si cette intuition se vérifie, je laisse un mot à ma famille, aux gens de mon village, à mon pays. Je dis à ma mère et à mes sœurs en toute assurance : ne soyez pas tristes ou, au moins, ne pleurez pas et ne vous lamentez pas exagérément; cette absence, en effet, si longue soit-elle, est courte : nous nous retrouverons, c'est sûr, nous nous retrouverons dans la demeure éternelle du ciel; là est la joie, et, si nous sommes séparés, la tristesse. Mais n'ayez pas peur, la miséricorde de Dieu nous réunira tous ensemble.

J'ai une seule demande à vous faire : pardonnez de tout cœur à ceux qui m'ont tué, demandez avec moi que mon sang, même si c'est celui d'un pécheur, serve de rachat (*fidya*) pour le péché du Liban; qu'il soit offert, mêlé à celui de toutes les victimes qui sont tombées, de tous bords et de toutes confessions religieuses, comme prix de la paix, de l'amour et de l'entente qui ont disparu de ce pays et même du monde entier. Que ma mort apprenne aux hommes la charité; que Dieu vous console, prenne soin de vous, vous aide dans la vie : n'ayez pas peur, je ne regrette absolument pas ce monde. Ce qui me chagrine, c'est que vous allez être tristes. Priez, priez, priez et aimez vos ennemis.

Et à mon pays, je dis : "Les habitants de la maison peuvent avoir des avis différents; ils ne se haïssent pas; ils peuvent se fâcher entre eux, mais sans devenir adversaires; se disputer, mais sans s'entre-tuer."

Souvenez-vous des jours d'entente et de charité; laissez tomber ceux de la colère et du désaccord. Ensemble nous avons mangé, bu, travaillé; ensemble, nous avons élevé notre prière vers le Dieu unique; ensemble, il nous faut mourir. Mon père était l'associé d'un métouali (musulman) que j'appelais "Oncle Hussein"; j'aimais bien l'appeler ainsi; ils restèrent associés soixante-quinze ans durant, sans rompre leur contrat ni faire de comptes. Rappelez-vous : il arrive souvent qu'on ne puisse emprunter cent livres à son propre frère; et il suffit d'aller trouver quelqu'un du village, qu'il soit métouali, maronite, sunnite ou druze, et il vous tire d'embarras. Cela, tout le monde le sait, mais c'est le péché qui nous aveugle. Chacun doit revenir à la prière selon sa croyance et sa conscience pour que Dieu supprime la colère et que les plans des grands de ce monde soient réduits en poussière sur le sol de ce pays qui n'est pas obligé de payer de son sang leurs machinations...

Au ciel, je ne serai pas en repos tant que durera cette situation au Liban !

Faites de mes funérailles un jour d'ordination, non d'enterrement ou de tristesse.

Pour ma sépulture, que le Père Botros célèbre la messe, sans assistance nombreuse de prêtres ni faire-part officiel. Et si Abou Khalil pouvait faire mon cercueil de quelques vieilles caisses, je m'en trouverais fort bien. Pas de repas d'enterrement. Que les gens me pardonnent... sans tirs ni coups de feu ; en effet, je suis poussière, mais la Force de Dieu va me faire participer à la vie divine. C'est comme cela qu'il faut faire.

Les gens vont parler, mais ça ne doit pas avoir d'importance pour vous. Si seulement ils avaient un peu de pitié, ils ne s'entre-tueraient pas et ne laisseraient pas les loups être meilleurs que nous... Comme ils se trompent !

Que la chorale chante tant qu'elle voudra : ça me fera plaisir...

En écrivant, je pense à tous, sans oublier personne : mes camarades, mes amis. Mon affection pour eux voudrait trouver des mots d'espérance ; je crois avoir trouvé le mot qui convient : ‘‘Qu'ils prient pour moi, qu'ils craignent Dieu et qu'ils L'aiment.’’ Dans votre prière, ayez toujours une pensée pour les religieux et les religieuses, témoins vivants du Christ parmi nous sur cette terre : surtout les franciscaines, les jésuites et les pères du Prado ; c'est par eux que j'ai pu connaître Dieu, sans parler de l'aide matérielle qu'ils m'ont fournie.

Quant à ce qui m'incombe à moi-même, avant tout, je suis pécheur !...

Je demande pardon à tous, car je suis pécheur devant tous. Courage !

Moi, pécheur, dans le Christ Jésus Sauveur. »

Ghassibé, puisse ta mort lumineuse, à l'image du Christ, apprendre à chacun de nous, pécheurs, jusqu'où il faut aimer !

7
envoi

Le chapelet de ma mère

Au moment de terminer ces pages, une chère figure me revient à la mémoire : celle de ma mère, à qui je dois le meilleur de moi-même. Restée veuve à trente ans avec trois enfants, elle continue avec compétence les affaires d'exportation de son mari. Elle arrive à unir la fermeté d'un père et la tendresse d'une mère.

Je viens de terminer mes premières études et je rêve de les continuer à l'Université. Ma mère refuse : « Tu es trop coquette et légère. Je ne t'ai jamais vue étudier sérieusement. Tu passeras ton temps à flirter. » Je rage en moi-même, mais, sincèrement, qu'est-ce qui m'attire le plus à l'Université : les livres ou les moustaches ? (Ce sera plus tard, au couvent, que je passerai ma licence.)

Pour prouver aux autres et à moi-même que j'ai des capacités intellectuelles, je m'abonne à la meilleure bibliothèque et encombre la maison d'auteurs à plusieurs volumes. Je suis aussi le soir des cours savants de philosophie. Tennis, patinage sur glace, danse...

Toute ma vie, je me rappellerai ce fameux soir. « Maman, il est 8 heures moins le quart, je m'en vais. » Ma mère, fatiguée ce jour-là, est, contrairement à son habitude, déjà alitée. Elle tient son chapelet à la main. « Bonsoir, chérie, tu as pris la clé ? — Oui. » Je l'embrasse, et en route.

Je marche dans la rue, mais pourquoi mes pas ne me portent-ils pas vers le collège où se tiennent les cours ? Une sorte de démon m'habite. Vers quelle aventure suis-je comme aspirée ? Je marche lentement, oppressée. Un individu s'approche. Je ne réagis pas. Il me prend par le bras. Je le laisse faire. Je ne me rappelle plus ce qu'il me raconte, mais soudain il me dit : « Vous avez l'air d'une fille sérieuse. Qu'est-ce que vous faites à marcher comme ça, à pas lents, le soir ? » Je me sens au fond d'un gouffre, incapable d'en sortir, soudain démunie de volonté, j'invente sur place : « Mon fiancé m'a abandonnée. — Votre fiancé vous a abandonnée, en voilà une affaire... on se dispute, on se réconcilie. Allons, allons, rentrez chez vous, ma petite. »

Je me retrouve devant la porte du collège, le cours a commencé. Le professeur expose en savantes considérations la philosophie de Kant et les catégories. Je m'en fiche éperdument. Je saute dans un tram et rentre à la maison. Ma mère s'est endormie, le chapelet entre ses doigts.

J'ai souvent pensé plus tard à ce soir de trouble. Je crois profondément que les grains du chapelet de ma mère glissaient, invisibles, entre cet individu et moi. Une voix murmurait : priez pour nous, pauvres pécheurs, maintenant... Sans savoir qu'il y répondait, l'homme m'a dit : « Rentrez chez vous, ma petite. » Cet homme-là, dans ma reconnaissance, j'ai souvent prié pour lui. Je le rechercherai dans l'autre monde pour le remercier.

Comment expliquer que, à travers tant de vents contraires qui ont déraciné des cèdres puissants, mon pauvre petit arbuste soit resté debout ? J'en sais bien, moi, la raison. Les racines étaient fortes. Tant qu'elle en a été capable, ma mère s'est rendue tous les jours à l'église, elle y communiait pour ses enfants. Elle m'avait dit : « Tu veux vraiment entrer au couvent ? Alors, sois une bonne religieuse. » Chaque matin, elle m'en envoyait la force. Ces chiffonniers, comme elle les aurait aimés, comme elle les aime plutôt ! Je sais qu'elle est là, dans mon sourire qui était le sien quand elle allait vers l'autre...

Merci, mon Dieu, de me l'avoir donnée pour mère.

Viens ! chantons ensemble !

J'entends déjà quelqu'un m'interpeller : « Hé ! votre livre, c'est très beau, très édifiant, un vrai livre de bonne Sœur.

Mais vous n'allez tout de même pas nous dire que vous avez surtout vu des choses édifiantes dans votre vie. — Et alors, on n'est pas sur la même planète ? Bien sûr, que j'en ai vu des scandales, petits et grands. Et après ? — Après ? Pourquoi ne les racontez-vous pas ? »

Ah ! mes bons amis, nous y sommes ! C'est une question de choix : quand je tombe dans la ruelle sur un chien crevé, ou des boyaux de porc couverts de mouches, je regarde plus loin des gosses qui se poursuivent en riant. J'ai toujours préféré la vie à la mort.

Je dois avouer aussi que c'est une question de contradiction. Ma mère me disait toujours : « Tu ne veux jamais faire comme tout le monde. » Je reçois une revue qui analyse livres et films (par paresse, le résumé me suffit). Je remarque qu'à peu près tous tirent sur le noir. Impossible de faire se retrouver à la fin les malheureux amants. Il faut absolument que l'un meure, que l'autre se suicide ou que, pour des raisons connues seulement de l'auteur, l'un s'enfonce vers la droite, tandis que l'autre disparaît vers la gauche. Quelques bons assassinats au milieu, des alcôves où aucun détail n'est épargné, drogue et ivresse au rendez-vous et voilà quelques-uns de nos bons auteurs sûrs de pouvoir se payer une croisière à la lune : notre terre étant devenue triste et bête à ce point, il faut se mettre sur une autre orbite.

Par esprit de contradiction, je regarde les gens... bons ! Des pauvres types, des faibles, des pécheurs, je suis bien obligée d'en voir tous les jours pour la simple raison que je me regarde dans le miroir.

Hier, la radio nous parlait d'un crime passionnel de vengeance où sept personnes avaient péri, étranglées et jetées dans une grotte. J'ai mis mon petit cœur devant le miroir et j'y ai trouvé une noire racine : une personne qui m'avait fait souffrir et devant laquelle je m'étais dit un jour : « Avec quel plaisir je l'étranglerais ! »

Bon, tout ça c'est vrai, et après ? Après, je regarde le Christ : des gredins rient de cet homme qu'ils ont cloué et qui agonise. Lui, prie : « Père, pardonne-leur, ils ne savent pas ce qu'ils font. » Alors je prends ce triste individu qui me ressemble comme un frère. Je le mets avec ceux qu'il a étranglés au pied de la croix et j'attends qu'une goutte tombe et nous purifie. Puis après, je me lève… et chante un *Magnificat* pour remercier le Seigneur : moi et tant de gens sur la terre, nous n'avons encore étranglé personne. Toi non plus, ami lecteur ? Alors, viens, chantons ensemble !

8
dix ans déjà...

Sœur Emmanuelle a écrit son livre en 1977.
Depuis lors bien des événements se sont produits
Voici ce qui est arrivé depuis 1977.

Je ne tuerai pas mon enfant !
Avril 1983

Je rencontre dans la ruelle Omou Sabah, elle avance péniblement, respirant à peine « *Fih éh* ? Qu'as-tu ? Ça ne va pas ? Vite, va te coucher, j'arrive avec le docteur Aadel ».

Nous voilà dans la misérable cabane où l'on ne sait où poser le pied : en-dessous des vieux bidons qui servent de mur, s'écoulent (excusez !) les excréments de la bufflesse... Le docteur Aadel s'approche, ausculte la malade... elle est enceinte en son deuxième mois. Il se retourne vers moi et me dit en français : « Son cœur est d'une rare faiblesse ; elle n'aura jamais la force d'accoucher ; il faut qu'elle choisisse, ou bien avorter ou bien risquer la mort. »

Je lui parle doucement : « Omou Sabah, tu vois comme tu es faible, tu vas peut-être mourir en accouchant. » Le docteur ajoute : « Je peux te faire avorter, mais il ne faut pas attendre. » Ses yeux brûlants m'interpellent : « Tu dois toi seule décider de ta vie ou de celle de ton bébé. » D'une voix faible mais décidée elle répond : « Je ne tuerai pas mon enfant, ma vie est entre les mains de Dieu. » Elle met doucement la main sur son ventre : « Non, je ne le tuerai pas. » Je la quitte, le cœur serré, quelle force d'âme a cette femme !

Durant les mois qui suivent, Sœur Sara et moi lui avons

chaque jour envoyé la nourriture la plus fortifiante possible le dernier mois, nous la transportons à l'hôpital pour qu'elle reçoive les meilleurs soins... Une nuit les premières douleurs se font sentir : chariot, ascenseur, salle d'accouchement. Le jeune docteur de garde qui la connaît s'affole : « Elle va mourir entre mes mains, on va m'accuser, non, non, qu'on téléphone à un autre médecin, qu'on la transporte dans un autre hôpital ! » ... Chariot, ascenseur, salle commune... les douleurs augmentent, les femmes s'affolent à leur tour : « Vite, remonte, il va t'aider. » Mais le jeune docteur, de plus en plus troublé, la refuse obstinément. Trois fois, l'ascenseur remonte.. enfin la troisième fois, seule sur son chariot, dans l'ascenseur, Omou Sabah accouche... et son cœur a tenu bon !!!

Pâques approchait, la vie venait triompher de la mort... et maintenant un délicieux petit Youssef repose entre les bras de sa mère.

Darelsaada - La maison du bonheur
Septembre 1983

Septembre est arrivé, les vacances s'achèvent. Nos frères chiffonniers ont vécu tour à tour d'émerveillement dans la Maison du Bonheur à Abou Soltan : hommes, femmes, enfants du Centre Salam comme du Mokattam — en privilégiant femmes et enfants — ont batifolé dans le lac d'Ismaleya du lever du soleil à son couchant ; ruisselants d'eau salée, la peau fraîche et les lèvres rieuses, ils ne quittaient les flots que pour les repas que nous faisions réconfortants pour ces estomacs affamés par l'air vif. On levait les mains vers l'Orient ; les chrétiens murmuraient : « *Abana ellazi fi semawat* — Ô Notre Père des Cieux », les musulmans la « Fatha » au très miséricordieux ; puis, assis en rond sur la natte, les jambes repliées, chacun plongeait avec ardeur son pain dans la « *molkheya* », le plat « royal » onctueux, les aubergines au piquant mélange pour finir par la pastèque qui fond sa fraîcheur dans votre gosier, ou la mangue si savoureuse quand le paysan vient de la cueillir au manguier !

On s'allongeait sur la natte pour la sieste, et yalla ! on courait en riant se plonger de nouveau dans l'eau de Jouvence... qui rend la jeunesse ; exemple : Am Sadek, Oncle Sadek, le cher voisin qui a vendu aux jeunes Belges d'Asmae le terrain où ils ont bâti notre Centre de couture et d'alphabétisation.. était presque mourant... à mon ahurissement, je le vois monter dans notre car « Mabrouka » la Bénie, qui porte bien son nom ; arrivé au lac, en un clin d'œil il enlève sa *galabeya* et plonge dans les eaux, son ravissement était tel qu'il n'en sortait plus ; depuis, il est frais et dispos comme un jeune homme !

Quand le soleil commençait à disparaître, emportant ses 40 à 45 degrés de chaleur, nous nous promenions dans les champs ; quel rêve pour nos enfants qui contemplaient pour la première fois les petits jets verts des « *foul* », les fèves qui sauvent de la faim, les orangers à la fleur parfumée et, parfois sur le même arbre le bouton doré de la jeune orange... et surtout les manguiers aux branches pendantes et tentatrices ! Oh ! Ève et la pomme ! Grand discours avant de partir : « On n'est pas des voleurs, nous autres, pour voler les paysans », nos petits devaient serrer le poing bien fort pour ne pas l'ouvrir vers le fruit savoureux ! Je témoigne qu'aucune main ne s'est allongée ! C'était du pur héroïsme ! On s'arrêtait pour jouer à cache-cache derrière les palmiers ou les paisibles et monumentales bufflesses ; on cueillait des fleurs des champs, on s'asseyait sur l'herbe pour le pique-nique dans le calme du soir... nos enfants respiraient ! Je levais les yeux silencieusement pour remercier notre Père des Cieux qui donne tant d'amis à nos petits chiffonniers ; alors tous ensemble nous disions simplement : « Père, bénis ceux qui nous donnent ce bonheur. »

Yalla ! on rentre ! et bientôt je n'entendais plus que les souffles réguliers sur les matelas mousse où tous ces petits corps reposaient côte à côte... comme la vie simple et fraternelle est belle ! quelles vacances, mes amis, quelles vacances ! Les mamans disaient : « Ce sont les plus beaux jours de ma vie ! » Mais nous avons eu des incidents comme il se doit parmi les hommes et les petits d'homme ! Aamed, cinq ans, est insulté par Guirguis, huit ans, car il ne lui cède pas le vieux pneu qui lui sert de bateau ; ils luttent corps à corps ; Aamed est d'une force étonnante, mais enfin, renversé, il saisit dans sa rage une grosse pierre pour la lancer contre Guirguis. Il est temps que j'intervienne ! « Aamed, donne-moi cette pierre ! » Il me jette un regard noir, brûlant, avec une expression mauvaise de haine.

Le soir, les petits chrétiens me demandent une croix. « Vous voulez une croix, pourquoi ? » Ils répondent fièrement : « Parce qu'on est chrétiens ! — Oui, mais que signifie la croix ? » Une voix : « Jésus est mort pour nous dessus » Une autre voix : « Parce qu'il nous aimait ! — Très bien, mais alors, nous, qu'est-ce qu'on doit faire ? » Réponse rapide : « On s'aime aussi ! — Même quand on se lance des pierres ? Aamed, viens ici. » Je le prends doucement sur mes genoux et j'appelle Guirguis qui avance en hésitant. « Je vais vous donner une croix, avec Jésus dessus, et vous, vous allez vous embrasser comme de bons frères. » Les deux petits se regardent... se sourient et s'embrassent. « Si vous ne devenez pas comme de petits enfants, nous n'entrerez pas dans le Royaume », disait Jésus.

Une bonne broncho-pneumonie
Pâques 1984

Alleluia ! les cloches ont chanté la Résurrection ; l'Égypte célèbre aujourd'hui « *Chem el Nessim, Souffle de Printemps* » : fête qui remonte dans la nuit des temps. Dès l'aube, chrétiens et musulmans, heureusement unis dans la même joie, sont sortis batifoler dans la campagne et se régaler d'oignon et de « *fesikh* », poisson salé, selon la vieille tradition pharaonique.

Figurez-vous que, après une broncho-pneumonie suraiguë qui m'a gardée trente jours à l'hôpital, je suis à Alexandrie pour ma convalescence, chez mes Sœurs de Sion : entourée de leur affection, je respire avec délice le Souffle de Printemps, au milieu des orangers, marguerites, capucines, géraniums et roses ! Depuis les treize ans que je vis au milieu des chiffonniers, je n'étais jamais restée ainsi au milieu d'une telle beauté !

Hé oui, voilà l'aventure qui m'est arrivée pour avoir, à soixante-quinze ans, dégringolé à cinq heures du matin, de la montagne du Mokattam, dans la bise d'hiver, pour attendre dans le froid un autobus ouvert à tous les vents... hé oui, mais l'autobus me menait en ville pour courir, à travers les rues encore sombres vers l'Eucharistie, ma Source de joie, mon rendez-vous quotidien d'Amour depuis l'âge de douze ans ! Ainsi, la nuit, je pouvais visiter les familles de mes frères chiffonniers : tous réunis autour d'un feu de vieux cartons nous cherchions ensemble comment résoudre leurs problèmes : maladies de tout genre, grossesses difficiles, scolarité déficiente, etc. Fraternité du soir, Eucharistie du matin : ne faut-il pas aller jusqu'au bout de l'Amour ? Quels sont ceux d'entre vous, amis, qui n'avez pas un jour excédé vos forces, vous aussi, pour un service d'amour ? On est toujours un peu fou, n'est-ce pas, quand on aime ?

Qu'elle est belle, notre école !
Mai 1984

La plus grande joie de cette année reste notre école : des voix expérimentées m'avaient dit : un jardin d'enfants, parfait ; mais surtout n'ouvrez pas cette année la première classe primaire, elle serait un échec : ces petits sauvageons ne connaissent que poubelles et cochons, ils n'arriveront jamais à assimiler sans préparation les éléments difficiles de l'arabe. Que faire ? Dans ma tournée dans les ruelles pour obtenir des parents l'inscription des enfants, je constate leur âge sur leur extrait de naissance : beaucoup ont sept ans sonnés, la loi est absolue, défense d'inscrire un enfant de huit ans en primaire... abandonner ces petits à la poubelle ? non, jamais yalla, risquons... 45 commencent leur première primaire... examens de mi-année, je suis anxieuse : étonnement, tous sauf un, ont démarré, à peu près la moitié est arrivée au point demandé : il faut les sauver tous ! diviser la classe en deux pour pousser les plus faibles. Ce jour-là, merveille, un maître se présente avec une bonne recommandation : embauche immédiate ! Résultat d'aujourd'hui : près de la quarantaine va passer en seconde primaire ! Chaque année nous ouvrirons une nouvelle classe jusqu'à la 6e et après je rêve d'une école technique pour en faire des maîtres artisans dont Le Caire a tant besoin !

En attendant pour les 400 petits attendus l'an prochain, nous bâtissons un second étage. Si vous saviez comme elle est belle, notre école ! Un peintre suisse, André Sugnaux, appelé en Europe, Afrique et Amérique, a voulu venir l'orner « pour l'amour des enfants », sans rémunération... Louksor et Karnak chantent maintenant en plein bidonville... et nos petits s'ouvrent à la beauté de ce qu'ont créé leurs ancêtres !

Opération logements
Août 1984

L'opération « 1 000 logements » est en marche, j'espère bien en terminer 300 pour août 1985. Des amis s'y intéressent concrètement à travers le monde, ce qui nous permet de remettre aux chiffonniers, les uns après les autres, briques, ciment et sable... et l'eau qui coûte cher au bidonville : chacun, aidé d'un maçon qu'il paye, construit son logement ; mois par mois, il remettra à la caisse à cet effet, une partie de l'argent remis. Des volontaires de France, Belgique, Italie, Suisse, Allemagne, Malte etc., viennent les aider : dans ces mois de juillet et août suffocants, sous un soleil de 40 degrés et plus parfois, je les ai vus, sans broncher, mettre par terre les vieux bidons, transporter les briques, cimenter... l'autre jour, au lieu de redescendre à une heure du Mokattam pour se rafraîchir et déjeuner, un groupe maltais s'est acharné au travail jusqu'à 3 h et demie ; noirs de poussière comme des ramoneurs, exténués, ils sont revenus triomphants : « Nous avons terminé NOTRE maison ! » ... Les chiffonniers sont devenus vraiment leurs frères ! Qui osera dire que les jeunes ne songent qu'à s'amuser ?

Quelques-uns d'entre eux ont été aussi réjouir de jeunes délinquants musulmans : pauvres petits, comme il s'en trouve partout dans le monde, dressés à voler par leurs parents et saisis par la police pour être enfermés jusqu'à seize ans dans une maison de rééducation. Rien ne leur manque : nourriture, habits, couchettes, enseignement... et tout leur manque : se sentir aimés ! Du plus petit, sept, huit ans, au plus grand, quinze, seize ans, ils tressaillent de joie d'être regardés avec amour et tendrement embrassés comme par leur maman ! un de ces petits me serrait à m'étouffer ! Pour eux aussi s'ouvre la « Maison du Bonheur », nous allons demain avec eux danser dans les flots !

Bidonville de Meadi
Août 1985

Le 4 juillet, me voilà au bidonville de Meadi... choc... au milieu du désert coupé seulement d'immondices des centaines de masures en vieux bidons troués, pas d'eau, pas d'électricité, pas d'infirmière, de docteur, d'école, rien, rien que des centaines d'hommes, de femmes, surtout d'enfants qui traînent !

Soudain, le centre Salam, le mokattam me paraissent un paradis. C'est fini Abou Mikhail, tu me bâtis une cabane ici, en vieux bidons comme la vôtre? Naam, bien sûr. — A combien ? — 150 livres (100 dollars) — Entendu ; en combien de temps ? — Une heure. — Ça va, demain matin je t'apporte la somme et je m'installe.

Me voilà maintenant dans mon nouveau palais. J'appelle Guirguis (Georges) l'entrepreneur, qui a si bien fait surgir les deux autres centres ; il est maintenant au travail : grande salle pour l'alphabétisation des petits et grands et club le soir — salle de couture et coupe — dispensaire etc.

Le matin quatre-vingts gosses sont assis par terre par groupe de dix devant un tableau noir, cahier et crayon en main : « *Aleph, bé, thé, sé... ouahed, etnein, talata* » un bon verre de lait couronne le tout ! L'après-midi, c'est la couture et la broderie ; une troupe scoute est en formation. Dès que le groupe électrogène va être installé, nous allons commencer l'alphabétisation des hommes et le club le soir. A la rentrée des classes, je vais chaque jour amener avec notre car les petits d'âge scolaire avec extrait de naissance en ordre. Comme tout le bidonville a brûlé, il y a quelques années — 3 fois ! — les papiers ont été refaits vaille que vaille : des gosses de sept ans en ont trois sur leurs papiers !

Le problème majeur reste l'eau, pas une goutte ! Vais-je arriver à en faire jaillir de quelque 50 mètres de profondeur ? Je me suis attaquée au problème avec les experts... il y a de l'espoir ! *Inchaallah* !

Pour moi, mon problème c'est d'attendre chaque jour ma propre source, l'Eucharistie, à une heure et quart de marche. *Yalla*, en avant sur la route... une petite voiture de chiffonniers, hop, je saute dedans... restent trois quarts d'heure... un camion passe, je fais de l'auto-stop, il me ramasse, un quart d'heure de gagné... on se rapproche, *Yalla*, la vie est belle, la messe commence, courage, ô mon âme, bois à ta source, repars triomphante, débordante de joie et d'Amour pour en inonder tes frères chiffonniers !

Le docteur Aadel vient deux fois par semaine soigner les malades ; une infirmière et une assistante sociale visitent chaque jour maintenant les cabanes ; avec Rafik, un jeune du collège du Frère Boulad, plein d'enthousiasme, nous avons nous-mêmes visité et recensé cent cinquante familles pour étudier avec elles leurs problèmes : malades, écoles, alphabétisation etc. Il faut qu'ils (les chiffonniers) arrivent à se prendre en charge. Je leur ai demandé de choisir un délégué par dix familles. À une première réunion : « Mes amis, vous dormez, vous ne faites rien pour profiter de l'aide gouvernementale, *yalla*, réveillez-vous. » Cela n'a pas été long, les voilà cherchant comment faire des requêtes officielles. Patience, nous arriverons.

Un autre genre de clameurs a éclaté à Meadi la semaine dernière. Afik fait jouer au foulard : 3a et 3b (chaque enfant a son numéro) se le disputent en se battant... le frère de 3a vient au secours et bat 3b... le père de 3b se précipite et bat 3a dont le père arrive à son tour en fureur ; la mêlée s'amplifie, les femmes crient, les hommes hurlent, les couteaux brillent... Afik s'élance pour éviter l'irréparable, à ses risques et périls ! les femmes les empêchent d'avancer... enfin j'arrive à atteindre le père de 3a, secoué de fureur... la parole magique « tu es chrétien ! » et je lui trace doucement un signe de croix sur le front... comme une mer en furie qui soudain s'apaise l'homme se détend... je cours vers l'autre, il m'écoute, il est chrétien lui aussi ! J'ai été profondément touchée de voir ces hommes rudes rentrer leurs couteaux, se rapprocher, ils se sont donnés un léger baiser sur la bouche et tout s'est terminé par des agapes fraternelles, braves gens, va !

Dieu merci, 3b n'était pas musulman, sinon quel feu entre deux confessions différentes ! A Meadi, la moitié sont environ musulmans et ils savent que je les aime aussi de tout mon cœur, je suis là pour les aimer autant que je puisse faire le pont entre eux... ça commence doucement !

Soudan
Novembre 1985

J'écris ces lignes à Khartoum, dans la paix du soir ; des amis soudanais et étrangers m'ont appelée : ils s'acharnent depuis des mois à sauver de la famine et de la mort, spécialement les enfants des rues. Les efforts du gouvernement sont dépassés par les événements, les réfugiés du Sud, fuyant la guerre et la famine, affluent à Khartoum par milliers et milliers... des enfants, beaucoup d'enfants, des garçons envoyés vers le nord par les parents affamés jusqu'à en mourir : « Pars, marche, marche (des centaines de kilomètres !) peut-être toi, tu ne mourras pas ! » Combien sont morts sur les routes, affamés, assoiffés, sans eau sous un soleil de feu... ceux qui se sont traînés jusqu'à Khartoum sont à l'extrême limite de la maladic et de l'épuisement.

La chaleur est lourde, humide, mon cœur est lourd, oppressé de tout ce que mes yeux ont vu d'horrible misère... oui, mais aussi, partout, des efforts inouïs pour essayer de sauver ce qui est encore sauvable ! L'Église soudanaise a lancé en avant tout ce qu'elle possédait de maigres ressources, mais aussi de jeunesse dynamique. Je retrouve partout les centres « *Rakouba* » qu'elle ne cesse de créer, partout ce même spectacle : la vie qui lutte contre la mort. Les enfants sont assis par groupe autour d'une marmite (*foul*, fèves, lentilles aux oignons) ils dévorent, les yeux de jais brillent. Puis commence la classe, entassés sous les bambous, ces petits s'appliquent sur leur petit cahier bien tenu aux lettres arabes : les dialectes du sud ne sont pas compris ici.

Nous rencontrons des mères au regard brûlant, serrant des bébés rachitiques sur leur sein tari... c'est insoutenable... beaucoup, la nuit, sous le vent, sont morts. Oui, mais nous les retrouverons au centre de santé tenu par les Sœurs indiennes... propreté, soins vigilants surtout aux enfants.

À Damazine, 600 kilomètres au sud, la réception est enthousiaste : 182 enfants de toutes tribus, chrétiens et musulmans fraternellement confondus nous reçoivent en battant du tam-tam ; trois classes séparées par une simple haie en bambou ; grande pauvreté, mais misère vaincue : enfants propres, recevant chaque jour un verre de lait et du millet. Midi, départ ; le Père fait dire qu'en mon honneur il y aura une messe, les chrétiens qui le désirent peuvent y assister ; atmosphère de liberté joyeuse, chants au tam-tam battu sur un vieux seau troué, par une fillette.

Des femmes arrivent, demandent le Père : il y a une grossesse difficile, quel conseil donne-t-il ? Le père lève les bras au ciel, que dire ? » Il me faut ici des Sœurs, une infirmière, moi j'ai pu vivre dans une hutte en bambou, mais comment y mettre des femmes ? Les gosses écartent sans cesse les tiges pour vous appeler... bâtir ? c'est cher ! » Il me regarde. « Ne vous découragez pas, Père, on va essayer de vous aider. »

Me voilà de nouveau à Khartoum, chez les *Kabbabish*, tribu de l'ouest, horriblement décimée par la famine : un million est mort de faim ; mères et bébés, maigreur, tristesse, abattement... pupilles dilatées d'un noir intense au milieu d'une cornée d'un blanc jaunâtre... peau noire tendue sur joues hâves. Des doigts maigres s'agrippent aux provisions qu'on leur tend ; un gosse bat un autre pour lui arracher ce qu'il a. Comment rendre leur dignité à ces gens ? Leur bétail est mort... travail, dignité, comment ?

J'arrive maintenant au « Mouroir » de mère Tereza de Calcutta. Des civières s'échappent de longs bras maigres qui saisissent ma main, avides d'une pression tendre sur leurs doigts décharnés... paroles du Christ en croix « Mon Dieu, pourquoi m'as-tu abandonné », pourquoi, mon Dieu, pourquoi ? Je perds cœur. Je regarde la Sœur ; un immense amour la possède tout entière, elle se penche sur ces squelettes vivants et les enveloppe de douceur et de paix ; la Paix, je la vois s'étendre sur ces visages ravagés, comme une nappe de tendresse. La Bible dit : « *L'Amour est plus fort que la mort.* » J'essaye d'imiter la Sœur, je me penche, je caresse les membres décharnés... une lueur s'allume, le corps a tressailli, un sourire est apparu. Seigneur, tu as vaincu la mort, la Résurrection approche. Oui, regarde, elle soulève déjà les corps dans ce mouroir

21 novembre, messe de la Présentation de Marie au temple. Elle aussi, elle devra fuir un jour, dans la terreur, serrant un enfant qu'on veut lui tuer. Je la prie fort, elle va nous aimer. Dans la rue, des enfants saisissent ma main, s'y agrippent « Prends-moi, sauve-moi » oh, des yeux d'enfants qui implorent... Vierge, ouvre le cœur des hommes, il faut sauver ces enfants ! ces innocents !

Au bord du Nil cette fois, je visite un autre centre d'Église là encore des enfants sauvés, là encore atmosphère de joie. Le Père les regarde en souriant : « Voyez, leurs joues commencent à se remplir, ils redeviennent vivants », il rit : « querelleurs ! » Il ajoute avec nostalgie « Regardez ces terrains incultes au bord du Nil, je rêve de les partager entre ces paysans désemparés, sans terre ; j'ai parlé au propriétaire.. c'est cher ! »

Je repars au Caire demain ; mais tous ces visages hâves que j'ai rencontrés paraissent soudain s'avancer vers moi dans une danse macabre : « Sauve-nous ! » Oui, je vais partir en Europe, je vais trouver les ressources. Oui, nous allons regonfler les joues, allumer la joie dans les yeux, former une immense chaîne d'amour. Non, mon cœur, ne te laisse pas abattre, la Vie va encore triompher de la mort. Ne l'oublie pas, mon cœur, on peut jouer du tam-tam même sur un vieux seau, percé de trous !

Le compost, victoire !
Janvier 1987

Date mémorable... aujourd'hui, 26 janvier de l'an de grâce 1987, l'imposante machine Buhler s'est mise en marche, elle engloutit les résidus des ordures ménagères pour les broyer en fine poussière ; celle-ci va bientôt aller s'étendre sur notre terre d'Égypte pour remplacer le limon fertile du Nil supprimé par le barrage d'Assouan (pour électrifier le pays).

Notre compost est un des meilleurs engrais — d'après de savants calculs faits à Zurich — car il est un des plus riches en produits naturels. « Vos résidus sont excellents » me disait, il y a sept ans, Arnold von Hirscheydt, l'expert international venu tout exprès de Suisse sur mon appel. Il était occupé à remuer la montagne d'ordures qui s'étalait devant ma cabane, au bidonville. Une odeur épouvantable s'en échappait. « Excellent, excellent » répétait Arnol, ravi « Quelle richesse ! » Je murmurais « Quelle odeur ! ». mais enfin, Seigneur, chacun est riche de ce qu'il peut !

Sept ans de lutte acharnée pour trouver les 600 000 dollars nécessaires, en obtenir la moitié des Communautés européennes, trouver l'autre moitié grâce à Philippe Gildas lançant le projet à travers les ondes, à Michèle Torr lançant sa voix d'or qui ensorcèle les foules, grâce aussi aux Compagnons d'Emmaüs qui triment pendant des jours et des jours pour aider leurs frères d'Égypte... Hello, on les a les 600 000 dollars, car Jean Sage et son équipe ont, eux aussi, remué ciel et terre !

Maintenant les chiffonniers enlèvent de leur cour et de leurs ruelles les résidus aux microbes germes de mort, la machine les dévore et les recrache en germes de vie, les bénéfices vont aider le bidonville à se transformer...

Une fois de plus, la vie a triomphé de la mort, *Elhamdulillah*, Louange à Dieu !

Dix ans ont passé
Janvier 1987

Dix ans ont passé depuis que je commençais à écrire au bord de la mer d'Alexandrie les premières lignes de mon petit livre : « *Chiffonnière avec les Chiffonniers* » : j'y décidais en riant de faire inscrire sur ma tombe : « Elle a vécu. »

Dix ans ont passé, oui, « j'ai vécu » car enfin « vivre » n'est-ce pas aimer, frémir de joie ou de tristesse avec ceux qu'on aime, lutter jour après jour pour que, tous, en cordée, malgré les obstacles, nous arrivions à faire jaillir de notre être les richesses qui s'y trouvent enfouies... lutte ardente, passionnante, quotidienne.

Je veux tenter de faire aujourd'hui une sorte de bilan de ces dix ans... les réalisations m'étonnent et même c'est vrai, m'émerveillent : comment tout cela a-t-il pu jaillir de terre ?

Au Centre Salam-Paix créé pour les 3000 chiffonniers du premier bidonville d'Azbet El Nakhl (Ferme aux Palmiers !) plus de 300 petits se pressent dans nos deux jardins d'enfants bien bâtis. Je me rappelle qu'il y a quinze ans j'avais obtenu avec peine que dix enfants viennent dans la petite pièce en vieux bidons. « A quoi ça sert de savoir lire et écrire ? » s'exclamaient tour à tour les chiffonniers, en haussant les épaules d'un air moqueur.

Notre centre artisanal a déjà permis à un bon nombre de jeunes de trouver un bon emploi comme menuisier, soudeur, mécanicien, etc.

Nos filles se pressent en riant pour apprendre couture et coupe ; garçons et filles commencent, ô joie, à lire et écrire ; le club voit le soir se dérouler des matches passionnés de football... tout est bruissant de vie et de chant ! Parfois de cris au dispensaire et à la maternité... mais on s'en sauve en bon état !

Il y a cinq ans, le centre Salam bien lancé, j'ai pu en laisser la direction à mes chères sœurs coptes égyptiennes avec lesquelles je collabore et me voilà partie au bidonville du Mokattam (10000 chiffonniers) : il s'agit de repartir à zéro pour susciter les mêmes activités qu'au Salam. De même petit à petit, tout s'ébranle : jardin d'enfants, dispensaire, maternité, couture et coupe, alphabétisation, centre artisanal, club... avec, comme il se doit, des réussites et des échecs, des hauts... et des bas. Infirmières et docteurs de « Médecins pour tous les Hommes » nous ont apporté le concours de leur compétence et de leur efficacité pour une formation de base.

L'école fondée il y a quatre ans comprend actuellement 700 élèves : il faut les voir arriver le matin, mignons et propres, fiers de venir à l'école : plus rien de commun avec les gosses dépenaillés et sauvages !

300 logements sains ont été bâtis à la place des taudis irrespirables, sans fenêtre, au sol en terre, réceptacle des microbes. Grâce aussi à la campagne de vaccination le tétanos a été jugulé, lui qui tuait 40 % de nos bébés !

Un beau jour j'ai été voir notre excellent ministre de l'Électricité, Maher Abaza, qui nous a envoyé la Fée Lumière. Nos chiffonniers étaient fous de joie de voir soudain se transformer la nuit en jour !

Au bidonville de Meadi, je suis maintenant depuis juillet 1985 : les mêmes projets médico-sociaux se sont réalisés. J'ai pu construire aussi pour mes frères chiffonniers qui n'en avaient jamais eu, deux salles de prière, une pour les chrétiens, une pour les musulmans, où chacun, selon son rite fait monter sa prière vers le même Dieu et Père de tous.

Entendez-vous ce gazouillis de bébés ? C'est la pouponnière : des amies des environs viennent tour à tour apprendre aux mamans à baigner, soigner ces petits corps qui se trémoussent... grand succès, joie de part et d'autre, des amitiés se nouent, les deux extrémités de l'échelle se sont rapprochées !

Il me reste à parler du Soudan... mon cœur se serre en pensant à ces enfants de la famine, traînant dans les rues... nous avons ouvert tour à tour à Khartoum des foyers pour les sauver de la faim, du vol, de la drogue, de la syphilis et de la prostitution... petit à petit leurs joues se remplissent, leurs yeux perdent ce regard angoissé qui fait mal dans un visage d'enfant ! la tâche est immense !

L'usine de compost pour laquelle je me bats depuis dix ans, commence enfin à fonctionner : les petites voitures des chiffonniers apportent chaque jour les résidus de leurs ordures : ces réceptacles de microbes germes de mort, se transforment maintenant en germes de vie qui vont fertiliser notre terre d'Égypte.

Oui, partout, la vie jaillit et chante... mais les ombres ne manquent pas : il y a encore trop de femmes battues, trop de maternités successives épuisantes (mes essais de méthode naturelle de contrôle de naissance n'ont guère réussi, les hommes veulent à tout prix des enfants !). Il y a encore trop d'enfants qui ne vont pas à l'école, trop de logis restés misérables, trop d'hommes las, découragés qui n'ont plus le désir et la force de coopérer à leur promotion... trop de petits Soudanais qui pleurent !

J'ai vécu, oui, j'ai aimé, oui, j'ai lutté, oui, mais ai-je mis en œuvre toutes mes forces d'amour ? je ne crois pas... à certaines heures j'ai moi aussi laissé tomber les bras devant des montagnes d'indifférence paraissant impossibles à soulever... Courage, ô mon âme, n'oublie pas tes vieux auteurs : Marc Aurèle proclamant « L'obstacle ? matière à action ! » Médite l'autre sentence du vieil empereur romain, transforme-la en prière :

« Seigneur, donne-moi la sérénité pour accepter ce que je ne peux changer,
la Force pour changer ce qui peut l'être,
la Sagesse pour discerner l'un de l'autre. »

N'oublie pas Irénée, l'apôtre des Gaules qui lançait :

Homo vivens, Gloria Dei
Homme vivant, Gloire de Dieu
Yalla, en avant, la vie est belle, elle chante !

Table des matières

Cet ouvrage a été composé
par Charente Photogravure à Angoulême
et imprimé sur presse CAMERON
dans les ateliers de la S.E.P.C.
à Saint-Amand-Montrond (Cher)
en avril 1990
pour les Éditions Ouvrières

N° d'édition : 4568. N° d'impression : 769
Précédent dépôt légal : novembre 1987
Dépôt légal : avril 1990

Imprimé en France